... Títulos relacionados

IFCD0210 DESARROLLO DE APLICACIONES CON TECNOLOGÍAS WEB

[DISPONIBLE CERTIFICADO COMPLETO]

Solicítalos en
- Librería
- www.paraninfo.es
- Solicitudes nacionales +34 914 463 350
- Solicitudes fuera de España +34 913 308 907
                      +34 913 308 919

Desarrollo y reutilización de componentes *software* y multimedia mediante lenguajes de guion
UF1842

Xabier Ganzábal García

© 2024 Ediciones Paraninfo, S. A.
© 2024 Xabier Ganzábal García

Edición y maquetación: Ediciones Nobel, S. A.
Impresión: Liberdigital (Casarrubuelos, Madrid)
ISBN: 978-84-283-6361-7
Depósito legal: M-18006-2024

Impreso en España

Xabier Ganzábal García es ingeniero en Informática y licenciado en Ciencias Físicas por la Universidad Autónoma de Madrid. Tiene una dilatada experiencia como docente en Ciclos Formativos de Grado Superior, especialmente en las áreas de programación, desarrollo web y bases datos. Ejerce su labor docente como funcionario en la Comunidad de Madrid.

Índice

1. **Introducción normativa** XI

1. **Arquitecturas de aplicaciones web** 1
   1.1. Esquema general 3
   1.2. Arquitectura en capas 4
   1.3. Interacción entre las capas cliente y servidor 4
   1.4. Arquitectura de la capa cliente 5
   Test tema 1.. 6

2. **Navegadores web** 7
   2.1. Arquitectura de un navegador.. 9
      2.1.1. Interfaz de usuario 9
      2.1.2. Motor de exploración 9
      2.1.3. Motor de presentación.. 10
      2.1.4. Módulos auxiliares: persistencia, interfaz de red,
             intérprete de *scripts,* infraestructura de presentación 10
   2.2. Navegadores de uso común. Comparativa 11
   2.3. Seguridad en navegadores 11
   2.4. Integración de aplicaciones en navegadores. Adaptadores (*plugins*)...... 13
      2.4.1. Adaptadores comunes en diferentes navegadores 13
      2.4.2. Configuración de tipos de ficheros y adaptadores.............. 13
   2.5. Conformidad a estándares 14
   Test tema 2 15
   Ejercicios tema 2 15

3. **Creación de contenido web dinámico** 17
   3.1. Fundamentos de programación 19
      3.1.1. Constantes, variables. Tipo de datos simples y estructurados...... 20
      3.1.2. Expresiones y sentencias. Operadores básicos.................. 22
      3.1.3. Control de flujo: secuencial, bucles y condicionales 23
      3.1.4. Subprogramas: procedimientos y funciones. Librerías 26
      3.1.5. Tipos de parámetros... 29
      3.1.6. Llamadas a funciones. Recursividad........................... 31
      3.1.8. Principales metodologías de programación 33
   3.2. Lenguajes para el desarrollo de contenido dinámico.................. 37
      3.2.1. Lenguajes de guion. Características generales 37

3.2.2. Comparativa de lenguajes de guion. Criterios para la
selección de un lenguaje de guion 37
3.2.3. Máquinas virtuales en navegadores. Miniaplicaciones (*applets*) . . . 38
3.2.4. Otros lenguajes para el desarrollo de aplicaciones
web enriquecidas. 38
Test tema 3 39
Ejercicios tema 3 40

4. Lenguajes de guion de uso general 41
4.1. Integración de lenguajes de guion en navegadores 43
4.1.1. Comparativa y compatibilidad con navegadores 43
4.1.2. Diferencias entre versiones 43
4.2. Estructura general de un programa en un lenguaje de guion 44
4.2.1. Variables y tipos de datos. 47
4.2.2. Operadores 50
4.2.3. Objetos. 61
4.2.4. Sentencias. Anidamiento. 61
4.2.5. Estructuras de control y condicionales 61
4.2.6. Bucles. 68
4.2.7. Comentarios 76
4.3. Funciones 77
4.3.1. Parámetros 78
4.3.1. Variables locales y globales 82
4.3.3. Bibliotecas de funciones. 84
4. 4. Manipulación de texto 85
4.4.2. Introducción y validación de texto 92
4.5. Listas (*arrays*) 96
4.5.1. Creación de *arrays* básicos 96
4.5.2. *Arrays* multidimensionales. 108
4.5.3. Tratamiento de *arrays* mediante bucles 109
4.6. Formatos estándar de almacenamiento de datos
en lenguajes de guion. 115
4.6.1. Comparativa 115
4.6.2. Tratamiento de formatos estándar. 116
4.6.3. Diccionarios de datos. 120
4.7. Objetos 121
4.7.1. Creación de objetos: métodos y estructuras de datos. 121
4.7.2. Bibliotecas de objetos. 124
4.8. El modelo de documento web 124
4.8.1. Estructura de documento 125
4.8.2. Navegación por las propiedades de un documento. 126
4.8.3. Cambio de propiedades mediante lenguajes de guion 129
4.9. Gestión de eventos 139
4.9.1. Tipos de eventos 139

4.9.2. Técnicas para el manejo de eventos mediante
lenguajes de guion. 140

4.9.3. Manejadores de eventos 141

4.9.4. Eventos de carga inicial. 142

4.9.5. Delegación y propagación de eventos 142

4.10. Gestión de errores 143

4.10.1. Manejo de error "No lenguajes de guion habilitados"
(*no script*) 144

4.10.2. Chequeo de errores en funciones 144

4.10.3. Captura de errores 145

4.10.4. Uso de puntos de ruptura. 149

4.11. Usos específicos de lenguajes de guion 150

4.11.1. Integración multimedia de lenguajes de guion 150

4.11.3. Efectos especiales en elementos gráficos y texto 152

4.11.4. Rejillas de datos 153

4.11.5. Manejo de canales de suscripción (RSS) 153

4.11.6. Descripción de las técnicas de acceso asíncrono (AJAX) 155

4.11 7. Uso de lenguajes de guion en dispositivos móviles 156

4.12. Entornos integrados (*frameworks*) para el desarrollo
con lenguajes de guion. 157

4.12.1. Características de los entornos de uso común. Comparativa . . . 157

4.12.2. Editores avanzados 158

4.12.3. Funcionalidades de validación y depuración de código 158

4.12.4. Técnicas para la documentación del código. 159

4.12.5. Utilidades adicionales para la realización de contenidos
dinámicos. Extensiones útiles de navegadores 159

4.12.6. Entornos de desarrollo específicos: desarrollo de
dispositivos móviles 160

Test tema 4 161

Ejercicios tema 4 162

5. Contenidos multimedia. 165

5.1. Definición de multimedia. Tipos de recursos multimedia 167

5.2. Inclusión de contenido multimedia en páginas web 167

5.2.1. Adaptadores para recursos multimedia 167

5.2.2. Enlace a diferentes recursos desde páginas web 168

5.2.3. Incrustación de contenido multimedia 168

5.2.4. Formatos de fichero web. El estándar MIME 172

5.2.5. Tipos de reproducción. *Streaming* y carga progresiva 173

5.2.6. Comparativa del tratamiento de contenido multimedia
en diferentes versiones de lenguajes de marcado de páginas 173

5.3. Gráficos multimedia 174

5.3.1. Formatos gráficos. Comparativa. 174

5.3.2. Repositorios de imágenes 174

5.3.3. Tipos de gráficos: fotografías, imágenes vectorizadas e iconos ... 175
5.3.4. Herramientas para el tratamiento gráfico. Filtros y tratamiento de imágenes. 176
5.3.5. Conversión de formatos gráficos 176
5.4. Audio 177
5.4.1. Formatos de audio. Comparativa. 177
5.4.2. Reproductores de audio. Inserción en navegadores web. 178
5.4.3. Enlace o inserción de canales de audio 179
5.4.4. Conversión de formatos audio. 180
5.4.5. Herramientas para el tratamiento de sonido. Edición de fragmentos de audio 180
5.5. Vídeo 181
5.5.1. Formatos de vídeo. Calidad de vídeo y comparativa 181
5.5.2. Repositorios de vídeo. 181
5.5.3. Reproductores de vídeo. Inserción en navegadores web. 181
5.5.4. Enlace o inserción de canales de vídeo 182
5.5.5. Conversión de formatos de vídeo. Optimización 182
5.5.6. Herramientas de edición de vídeo. Creación de efectos y composición 182
5.6. Animaciones multimedia 183
5.6.1. Principios de la animación 183
5.6.2. Herramientas para la creación de animaciones. 183
5.6.3. Formatos de animaciones 184
5.6.4. Inclusión en páginas web. 184
5.6.5. Buenas prácticas en el uso de animaciones 184
5.7. Elementos interactivos 185
5.7.1. Creación de elementos interactivos 185
5.7.2. Mapas interactivos 185
5.7.3. Ámbitos de uso. 186
Test tema 5 187
Ejercicios tema 5 188

Referencias 189

Introducción normativa

La Ley Orgánica 3/2022, de 31 de marzo, de ordenación e integración de la Formación Profesional, contiene una disposición derogatoria única que afecta a la regulación de los certificados de profesionalidad, ahora denominados **Certificados Profesionales**. La referida normativa deroga la Ley Orgánica 5/2002, de 19 de junio, de las Cualificaciones y de la Formación Profesional, y abre un escenario de cambios que se irán implementando progresivamente.

La Ley Orgánica 3/2022, de 31 de marzo, de ordenación e integración de la Formación Profesional implica que toda la formación es acumulable. La oferta formativa se estructura de forma escalonada, siendo los Certificados Profesionales un nivel intermedio (Grado C) de una escala que va desde el Grado A hasta el E.

En los artículos 35 a 38 de la Ley 3/2022 se describe en qué consisten estos Certificados Profesionales: su oferta, formación asociada, estructura, duración, acceso, titulación y validez. Posteriormente, esta normativa se completa con lo dispuesto en el Real Decreto 659/2023, de 18 de julio, que desarrolla la ordenación del sistema de Formación Profesional. Concretamente en los artículos 67 a 81 es donde se hace referencia a la oferta formativa de Grado C, correspondiente a los Certificados Profesionales.

Están agrupados en 26 familias profesionales con características comunes del sector. En la actualidad hay más de medio millar de Certificados Profesionales incluidos en el Repertorio Nacional. Esta cifra no deja de crecer. Además, cada certificado está específicamente regulado por un real decreto.

Un Certificado Profesional corresponde al Grado C de la oferta del Sistema de Formación Profesional. Es un documento oficial, con validez en todo el territorio nacional y debe constar en el Catálogo Nacional de Ofertas de Formación Profesional, que certifica la capacitación para el desarrollo de una actividad profesional.

Debe detallar los módulos profesionales superados y los estándares de competencia profesional asociados a él e incluidos en el **Catálogo Nacional de Estándares de Competencias Profesionales**, así como su correspondencia con el Marco Español de Cualificaciones.

Despliegan su validez en un doble ámbito, laboral y académico:

- En el contexto laboral tienen validez profesional, porque acreditan las competencias en una determinada profesión. Para poder trabajar en algunas profesiones, se exigen determinadas cualificaciones, y los certificados sirven para acreditarlas.

- Asimismo, tienen validez académica, puesto que permiten continuar un itinerario formativo siempre que se cumplan los requisitos de acceso para cursar la titulación deseada. De tal modo que, los Certificados Profesionales que sean parte de un Grado D permitirán la matrícula modular para completar los módulos establecidos en el currículo y obtener el correspondiente título de técnico básico, técnico o técnico superior con validez en todo el territorio nacional.

Para obtener un Certificado Profesional (Grado C) es preciso cumplir con los requisitos de acceso para realizar la formación.

Estructura de los Certificados Profesionales

I. Identificación: denominación, familia y área profesional a la que pertenecen; nivel de cualificación profesional (1, 2 o 3); cualificación profesional de referencia; entorno profesional y módulos formativos que esté previsto cursar junto con la duración de cada uno de ellos.

II. Perfil profesional: incluye las competencias profesionales requeridas en el mercado laboral. En todas ellas se concretan las realizaciones profesionales y los criterios de realización.

III. Formación: describe los módulos formativos que esté previsto cursar para adquirir las competencias requeridas. En cada uno de ellos se indican las capacidades que se pretende alcanzar y la duración del módulo de prácticas no laborales —PNL—, para el que cabe solicitar exención si se cumplen determinados requisitos.

IV. Prescripciones de las personas formadoras.

V. Requisitos mínimos de espacios, instalaciones y equipamiento.

Los Certificados Profesionales se identifican con una denominación concreta y un código alfanumérico propio, y sirven para acreditar una determinada cualificación profesional. Cada certificado está asociado a una relación de unidades de competencia que, a su vez, se vinculan con una serie de módulos formativos específicos. Algunos módulos están integrados por unidades formativas y tanto unos como otras son, en ocasiones, transversales, lo que significa que se trata de contenidos incluidos en más de un Certificado Profesional.

Los Certificados Profesionales se articulan en tres niveles de competencia profesional (1, 2 y 3) conforme a lo dispuesto en el que será el Catálogo Nacional de Estándares de Competencias Profesionales, anteriormente Catálogo Nacional de Cualificaciones Profesionales (CNCP), según los criterios establecidos de conocimientos, iniciativa, autonomía y complejidad de las tareas, en cada una de las ofertas de Formación Profesional.

La oferta formativa dirigida a la obtención de los Certificados Profesionales tiene carácter modular para favorecer la acreditación parcial acumulable de la formación recibida y posibilitar así el avance en el itinerario de Formación Profesional para cualquiera que sea la situación laboral de cada persona en cada momento.

En definitiva, el Grado C constituye la oferta, parcial y acumulable, del sistema de Formación Profesional, de varios módulos profesionales del catálogo modular de Formación Profesional por razón de su significado en el mercado laboral y conducente a la obtención de un Certificado Profesional.

Las ofertas de Grado C de Formación Profesional tendrán por objeto módulos profesionales incluidos previamente en el catálogo modular de formación profesional y asociados al Catálogo Nacional de Estándares de Competencias Profesionales.

Finalidad de los Certificados Profesionales

- Contribuir a la ordenación de un Sistema de Formación Profesional al servicio de un régimen de formación y acompañamiento profesionales que sea capaz de responder con flexibilidad a los intereses, expectativas y aspiraciones de cualificación profesional de las personas a lo largo de su vida.

- Combinar escuela y empresa situando a la persona en el centro del sistema.

- Facilitar el aprendizaje permanente de toda la ciudadanía mediante una formación abierta, flexible y accesible, estructurada de forma modular, a través de la oferta formativa asociada al certificado.

- Acreditar las cualificaciones profesionales o las unidades de competencia recogidas en estas, independientemente de su vía de adquisición, bien sea través de la vía formativa, o mediante la experiencia laboral o vías no formales de formación.

- Favorecer, tanto a nivel nacional como europeo, la transparencia del mercado de trabajo.

- Contribuir a la calidad de la oferta de Formación Profesional.

Este libro

El presente libro desarrolla la Unidad Formativa denominada "Desarrollo y re-utilización de componentes *software* y multimedia mediante lenguajes de guion", UF1842.

Dicha unidad formativa está asociada a la Unidad de Competencia UC0491_3, y se incluye en el módulo formativo MF0491_3: Programación web en el entorno cliente, perteneciente a la Cualificación Profesional de referencia IFC154_3, de nivel 3, incluida en el Certificado de Profesionalidad denominado IFCD0210 Desarrollo de aplicaciones con tecnologías web, dentro de la familia profesional Informática y Comunicaciones.

Según el Real Decreto 1531/2011, de 31 de octubre modificado por el RD 628/2013, de 2 de agosto, los contenidos que en esta obra se recogen se corresponden con una duración de 90 horas.

Tanto la estructura como el desarrollo del libro se ajustan al citado Real Decreto y más concretamente a los contenidos de la Unidad Formativa que le da título "Desarrollo y reutilización de componentes *software* y multimedia mediante lenguajes de guion".

Contenido

1. Arquitecturas de aplicaciones web
   - Esquema general
   - Arquitectura en capas
   - Interacción entre las capas cliente y servidor
   - Arquitectura de la capa cliente
2. Navegadores web
   - Arquitectura de un navegador:
     — Interfaz de usuario.
     — Motor de exploración.
     — Motor de presentación.
     — Módulos auxiliares: persistencia, interfaz de red, intérprete de *scripts*, infraestructura de presentación.

- Navegadores de uso común. Comparativa.
- Seguridad en navegadores
- Integración de aplicaciones en navegadores. Adaptadores (*plugins*):
  — Adaptadores comunes en diferentes navegadores.
  — Configuración de tipos de ficheros y adaptadores.
- Conformidad a estándares.

3. **Creación de contenido web dinámico**
- Fundamentos de programación:
  — Constantes, variables. Tipos de datos simples y estructurados.
  — Expresiones y sentencias. Operadores básicos.
  — Control de flujo: secuencial, bucles y condicionales.
  — Subprogramas: procedimientos y funciones. Librerías.
  — Tipos de parámetros.
  — Llamadas a funciones. Recursividad.
  — Nociones de orientación a objetos: clases y objetos. Herencia.
  — Principales metodologías de programación.
- Lenguajes para el desarrollo de contenido dinámico:
  — Lenguajes de guion. Características generales.
  — Comparativa de lenguajes de guion. Criterios para la selección de un lenguaje de guion.
  — Máquinas virtuales en navegadores. Miniaplicaciones (*applets*).
  — Otros lenguajes para el desarrollo de aplicaciones web enriquecidas (RIA).

4. **Lenguajes de guion de uso general**
- Integración de lenguajes de guion en navegadores web:
  — Comparativa y compatibilidad con navegadores.
  — Diferencias entre versiones.
- Estructura general de un programa en un lenguaje de guion:
  — Variables y tipos de datos.
  — Operadores.
  — Objetos.
  — Sentencias. Anidamiento.

- Estructuras de control y condicionales.
- Bucles.
- Comentarios.
- Funciones:
  - Parámetros.
  - Variables locales y globales.
  - Bibliotecas de funciones.
- Manipulación de texto:
  - Funciones básicas para la manipulación de texto.
  - Introducción y validación de texto.
- Listas (*arrays*):
  - Creación de *arrays* básicos.
  - *Arrays* multidimensionales.
  - Tratamiento de *arrays* mediante bucles.
- Formatos estándar de almacenamiento de datos en lenguajes de guion:
  - Comparativa.
  - Tratamiento de formatos estándar.
  - Diccionarios de datos.
- Objetos:
  - Creación de objetos: métodos y estructuras de datos.
  - Bibliotecas de objetos.
- El modelo de documento web:
  - Estructura de documento.
  - Navegación por las propiedades de un documento.
  - Cambio de propiedades mediante lenguajes de guion.
- Gestión de eventos:
  - Tipos de eventos.
  - Técnicas para el manejo de eventos mediante lenguajes de guion.
  - Manejadores de eventos.
  - Eventos de carga inicial.
  - Delegación y propagación de eventos.

- Gestión de errores:
  - — Manejo de error «No lenguajes de guion habilitados» (*no script*).
  - — Chequeo de errores en funciones.
  - — Captura de errores.
  - — Uso de puntos de ruptura.
- Usos específicos de lenguajes de guion:
  - — Integración multimedia mediante lenguajes de guion.
  - — Animaciones.
  - — Efectos especiales en elementos gráficos y texto.
  - — Rejillas de datos.
  - — Manejo de canales de suscripción (RSS).
  - — Descripción de las técnicas de acceso asíncrono (AJAX).
  - — Uso de lenguajes de guion en dispositivos móviles.
- Entornos integrados (*Frameworks*) para el desarrollo con lenguajes de guion:
  - — Características de los entornos de uso común. Comparativa.
  - — Editores avanzados.
  - — Funcionalidades de validación y depuración de código.
  - — Técnicas para la documentación del código.
  - — Utilidades adicionales para la realización de contenidos dinámicos. Extensiones útiles de navegadores.
  - — Entornos de desarrollo específicos: desarrollo sobre dispositivos móviles.

5. **Contenidos multimedia**
- Definición de multimedia. Tipos de recursos multimedia.
- Inclusión de contenido multimedia en páginas web:
  - — Adaptadores para recursos multimedia.
  - — Enlace a diferentes recursos desde páginas web.
  - — Incrustación de contenido multimedia.
  - — Formatos de fichero web. El estándar MIME.
  - — Tipos de reproducción. *Streaming* y carga progresiva.
  - — Comparativa del tratamiento de contenido multimedia en diferentes versiones de lenguajes de marcado de páginas.

- Gráficos multimedia:
  — Formatos gráficos. Comparativa.
  — Repositorios de imágenes.
  — Tipos de gráficos: fotografías, imágenes vectorizadas e iconos.
  — Herramientas para el tratamiento gráfico. Filtros y tratamiento de imágenes
  — Conversión de formatos gráficos.
- Audio:
  — Formatos de audio. Comparativa.
  — Reproductores de audio. Inserción en navegadores web.
  — Enlace o inserción de canales de audio.
  — Conversión de formatos de audio.
  — Herramientas para el tratamiento de sonido. Edición de fragmentos de audio.
- Vídeo:
  — Formatos de vídeo. Calidad de vídeo y comparativa.
  — Repositorios de vídeo.
  — Reproductores de vídeo. Inserción en navegadores web.
  — Enlace o inserción de canales de vídeo.
  — Conversión de formatos de vídeo. Optimización.
  — Herramientas de edición de vídeo. Creación de efectos y composición.
- Animaciones multimedia:
  — Principios de la animación.
  — Herramientas para la creación de animaciones.
  — Formatos de animaciones.
  — Inclusión en páginas web.
  — Buenas prácticas en el uso de animaciones.
- Elementos interactivos:
  — Creación de elementos interactivos.
  — Mapas Interactivos.
  — Ámbitos de uso.

■ Nota del Editor

En Ediciones Paraninfo estamos comprometidos con la calidad de la formación e intentamos que nuestros materiales respondan fielmente y con rigor a las necesidades de todos cuantos confían en nuestro sello editorial.

Tratamos de dar respuesta a los currículos de las unidades formativas y de los módulos que integran los distintos Certificados Profesionales, equilibrando la parte teórica con la práctica para que los procesos de aprendizaje se conviertan en experiencias gratificantes, tanto para docentes como para las personas inmersas en los procesos formativos.

Nuestros objetivos son contribuir de forma decisiva a afianzar aprendizajes, ayudar a adquirir destrezas que tengan significado para el empleo y conseguir potenciar el desarrollo personal.

Para lograrlo contamos con excelentes autores, expertos en las materias que abordan, en la mayoría de los casos docentes de dichas especialidades con dilatada experiencia tanto profesional como académica, porque buscamos perfiles familiarizados con los contextos laborales concretos a los que se refieren nuestros manuales.

Confiamos en poder serte de ayuda y esperamos tus impresiones acerca de nuestro trabajo. Sean positivas o negativas, serán muy bien recibidas y, sin duda, nos ayudarán a seguir mejorando y trabajando con ilusión para continuar siendo un referente en formación para el empleo.

Agradecemos tu confianza en nuestros manuales. Todo nuestro equipo queda a tu total disposición. Puedes contactar con nosotros en esta dirección de correo electrónico:

info@paraninfo.es

1. Arquitecturas de aplicaciones web

Contenido

1.1. Esquema general

1.2. Arquitectura en capas

1.3. Interacción entre las capas cliente y servidor

1.4. Arquitectura de la capa cliente

Una aplicación web es una aplicación a la que accede a través de internet (o una red local) usando un navegador web. Involucra programas tanto en el lado del cliente como en lado del servidor.

En la parte del cliente las principales tecnologías son HTML, CSS y JavaScript. En el lado del servidor hay muchas alternativas, pero entre las más usadas podemos citar PHP y Java.

Las aplicaciones web tienen varias ventajas sobre las aplicaciones normales:

- No es necesario instalar una aplicación en los equipos desde los que se quiere acceder a la aplicación web, basta con que tengan un navegador. Igualmente, si se actualiza la aplicación solo hay que modificar el servidor y no los clientes.

- Los datos del usuario también se almacenan en el servidor.

- La aplicación está disponible en cualquier equipo con un navegador. Esto incluye teléfonos móviles y tabletas.

- Como la aplicación se ejecuta en un navegador, es multiplataforma, siempre que haya un navegador apropiado.

También tienen algunos inconvenientes:

- Por las limitaciones de los navegadores, tienen menos funcionalidades que una aplicación nativa. Algunas aplicaciones web requieren que el cliente instale algo de *software* en su máquina para poder acceder a todos los recursos de la misma.

- Es necesario tener conexión a internet para acceder a la aplicación, aunque hay aplicaciones que permiten también trabajar sin conexión y sincronizan datos cuando la hay.

- Falta de privacidad. Desde el servidor se puede monitorizar la actividad del usuario.

- Puede haber problemas de compatibilidad con algunos navegadores.

1.1. Esquema general

La web se basa en la arquitectura cliente-servidor. Las páginas web se alojan en ordenadores llamados servidores web. Los clientes solicitan las páginas al servidor, que las envía.

Hay que dividir la lógica de la aplicación entre el lado del cliente y el lado del servidor. En los últimos años, hay una tendencia a llevar lógica al cliente.

1.2. Arquitectura en capas

La arquitectura más habitual en las aplicaciones web es la de tres capas. Una capa es el cliente, otra el servidor de aplicaciones y la tercera el servidor de base de datos.

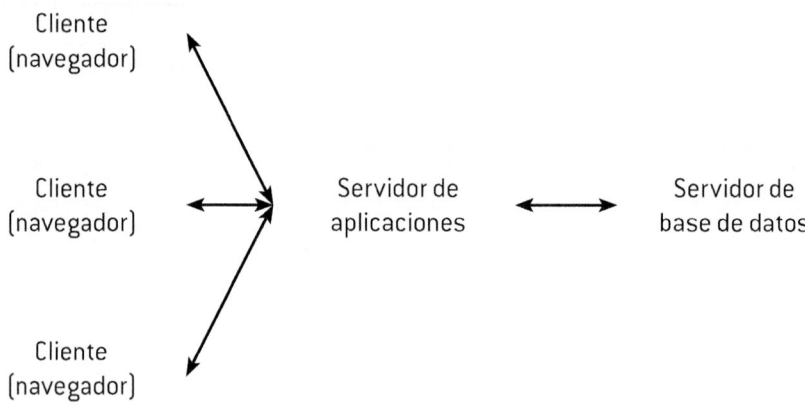

Ilustración 1.1. Esquema de arquitectura de tres capas.

1.3. Interacción entre las capas cliente y servidor

Para explicar la interacción entre las capas clientes y servidor, podemos pensar en la página de acceso (*login*) a nuestro correo web.

1. El primer paso consiste en acceder al servidor de correo mediante el navegador.

2. El servidor envía la página, que contiene un formulario.

3. El usuario rellena nombre de usuario y contraseña y pulsa el botón de enviar. El servidor recibe los datos que acaba de introducir.

4. El servidor comprueba en su base de datos si el nombre de usuario y contraseña recibidos son correctos.

5. Si son correctos, se muestra la bandeja de entrada del usuario. Si no son correctos, se muestra un mensaje de error y se vuelve a ofrecer el formulario de acceso.

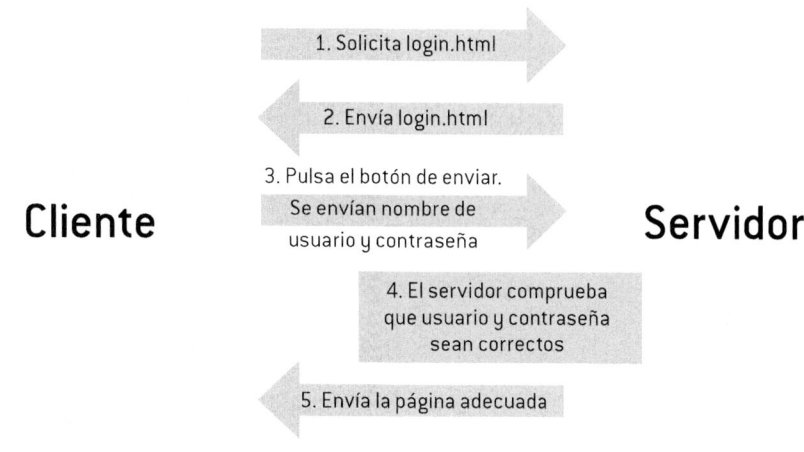

Ilustración 1.2. Esquema básico de comunicación entre cliente y servidor.

1.4. Arquitectura de la capa cliente

A medida que crece la lógica de la aplicación que se ejecuta en el cliente, el código se vuelve más complejo y difícil de mantener. Una de las arquitecturas más extendidas para las aplicaciones web es el patrón MVC (Modelo-Vista-Controlador), también muy utilizado en aplicaciones de escritorio. Este patrón separa la lógica de la aplicación de la interfaz de usuario al dividir las aplicaciones en tres componentes relacionados. Simplificando, podemos describirlos como:

- El modelo representa los datos y la lógica de la aplicación.

- El controlador captura las entradas del usuario y envía las órdenes correspondientes al modelo y la vista.

- La vista muestra al usuario (parte de) la información del modelo.

La siguiente ilustración muestra la relación entre componentes.

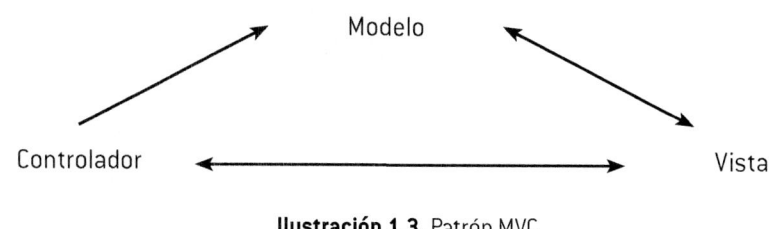

Ilustración 1.3. Patrón MVC.

Han aparecido muchos *frameworks* que permiten implementar el patrón MVC (y sus variantes) en JavaScript. Hablaremos de algunos de ellos a lo largo del libro.

TEST TEMA 1

1.1. ¿Cuál de las siguientes no es una ventaja de las aplicaciones web?

a) No pueden acceder a todos los recursos de la máquina.

b) No es necesario instalar una aplicación en los equipos desde los que se quiere acceder a la aplicación web.

c) La aplicación está disponible en cualquier equipo con un navegador.

1.2. ¿Cuál de las siguientes no es una desventaja de las aplicaciones web?

a) Falta de privacidad. Desde el servidor se puede monitorizar la actividad del usuario.

b) Puede haber problemas de compatibilidad entre navegadores.

c) La aplicación está disponible en cualquier equipo con un navegador.

1.3. En el modelo MVC, el modelo...

a) Representa los datos y la lógica de la aplicación.

b) Captura las entradas del usuario y envía las órdenes correspondientes al modelo y la vista.

c) Muestra al usuario (parte de) la información del modelo.

1.4. En el modelo MVC, el controlador...

a) Representa los datos y la lógica de la aplicación.

b) Captura las entradas del usuario y envía las órdenes correspondientes al modelo y la vista.

c) Muestra al usuario (parte de) la información del modelo.

2. Navegadores web

Contenido

2.1. Arquitectura de un navegador

2.2. Navegadores de uso común. Comparativa

2.3. Seguridad en navegadores

2.4. Integración de aplicaciones en navegadores. Adaptadores (plugins)

2.5. Conformidad a estándares

Los navegadores web son las aplicaciones que muestran el contenido de las páginas web. Se ocupan de solicitar al servidor la página correspondiente y el resto de ficheros, como hojas de estilo e imágenes. Procesan los ficheros HTML y CSS para crear la estructura de la página y poder representarla. También se encargan de ejecutar el código JavaScript. Además, pueden usar adaptadores o *plugins* para procesar otros tipos de ficheros.

El primer navegador fue creado por Tim Berners-Lee en 1990, pero el primero que fue conocido a gran escala fue Netscape, creado por Marc Andreessen en 1994 a partir de Mosaic, un navegador anterior también creado por él. Actualmente, los más extendidos son Mozilla Firefox, Microsoft Edge, Chrome, Safari y Opera.

2.1. Arquitectura de un navegador

El siguiente diagrama muestra los componentes habituales en un navegador y cómo se relacionan:

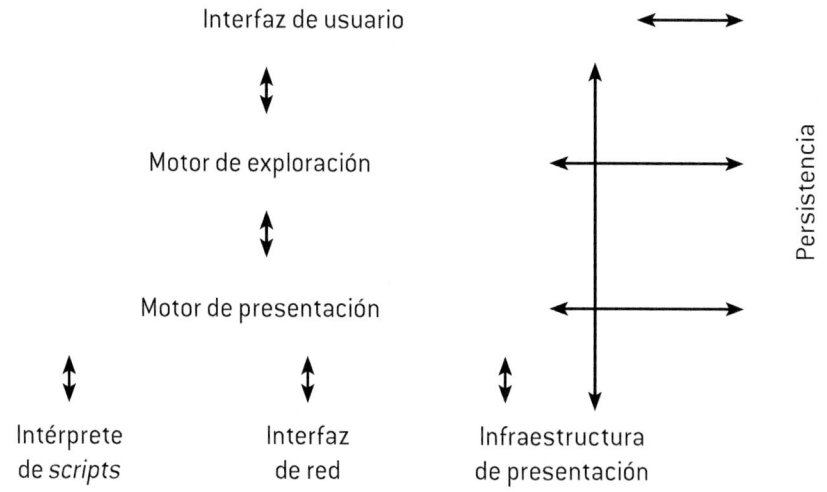

Ilustración 2.1. Componentes de un navegador.

2.1.1. Interfaz de usuario

La interfaz de usuario es la parte del navegador que se encarga de la interacción del usuario: la barra de direcciones, el botón de retroceso, los menús...

2.1.2. Motor de exploración

El motor de exploración sirve de enlace entre la interfaz de usuario y el motor de presentación.

2.1.3. Motor de presentación

El motor de presentación se encarga de mostrar el contenido de la página web. Su funcionamiento se puede resumir en cuatro pasos básicos.

- El primer paso es procesar el HTML para general el árbol del DOM del documento. El DOM se trata en detalle en la sección 4.8.

- Generar el árbol de presentación. Además del DOM, también se genera un árbol de presentación con los objetos visuales en el orden en que se mostrarán en la página. Los elementos que no se representan en la página, como *head*, no aparecen en este árbol. Como para crear este árbol es necesario conocer la información de presentación, se usa también la información de estilo presente en la página.

- Posicionamiento. El árbol de presentación no incluye información sobre tamaño y posición de los elementos. Se añade en este paso.

- Mostrar. Con toda la información disponible, se recorre el árbol de presentación y se muestra en el navegador usando la infraestructura de navegación.

WebKit es uno de los motores de presentación más extendidos. Lo usan Safari y otros navegadores menos conocidos como Epiphany. Chrome lo usaba, pero a partir de la versión 28 usa un nuevo motor desarrollado por Google, Blink, que también usa Opera. Edge y Firefox usan sus propios motores, EdgeHTML y Gecko, respectivamente.

2.1.4. Módulos auxiliares: persistencia, interfaz de red, intérprete de *scripts*, infraestructura de presentación

- Persistencia. Se ocupa de almacenar datos en el disco del cliente, por ejemplo, con las *cookies* o el almacenamiento DOM.

- Interfaz de red. Este módulo se ocupa de gestionar la comunicación con los servidores.

- Intérprete de *scripts*. Ejecuta el código JavaScript de la página.

- Infraestructura de presentación. Para los componentes básicos de la interfaz de usuario, como botones o listas desplegables.

2.2. Navegadores de uso común. Comparativa

Tabla 2.1. Comparativa de los navegadores más habituales

Navegador	Motor de presentación	Cuota de mercado (%)
Mozilla Firefox	Gecko	3.2
Chrome	Blink	62.9
Opera	Blink	3.2
Edge	EdgeHTML	5.5
Safari	WebKit	20

Hay que señalar que los datos de cuota de mercado varían bastante según la fuente que los publique. La cuota de mercado de los diferentes navegadores ha variado bastante en los últimos años y actualmente los más usados son Chrome y Safari, en parte debido al auge de las tabletas y móviles.

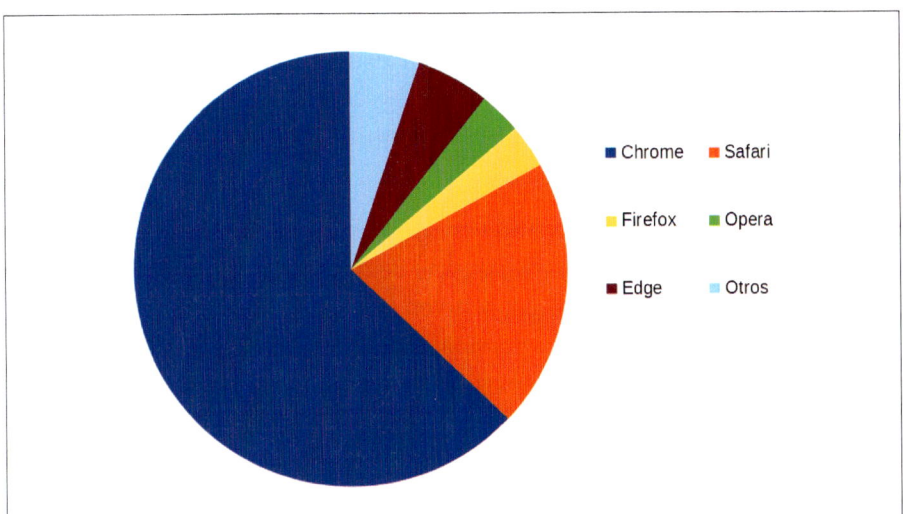

Ilustración 2.2. Cuota de mercado de los navegadores más extendidos.

2.3. Seguridad en navegadores

Como cualquier otro programa, los navegadores pueden tener problemas de seguridad. Con el uso creciente de los navegadores para acceder a sistemas bancarios o métodos de pago, la seguridad se ha vuelto prioritaria.

Se puede comprometer la seguridad de un navegador a través de:

• Vulnerabilidades del sistema operativo.

- Problemas de seguridad en el propio navegador.

- Problemas en los *plugins* o extensiones del navegador.

- Interceptando el tráfico de red.

Como medida de seguridad básica, conviene tener actualizado tanto el navegador como sus complementos. Los propios navegadores suelen mostrar una advertencia cuando se utiliza un complemento que puede ser inseguro.

Seguridad y JavaScript

El código JavaScript se ejecuta dentro del navegador, es decir, dentro del ordenador con el que se accede a la página correspondiente. Esto puede provocar muchos problemas de seguridad. De hecho, hasta hace unos años no era extraño impedir la ejecución de JavaScript para evitar riesgos, pero actualmente la mayoría de las páginas lo usan, así que en general no es una opción viable.

Para evitar que los *scripts* (de JavaScript y otros lenguajes) puedan causar daños en el sistema del cliente se ejecutan de manera aislada (dentro de una *sandbox*). De esta manera, se restringen los recursos a los que puede acceder el *script*. Normalmente no se permite que accedan al *hardware* o investiguen la configuración del equipo en que se ejecutan.

Un problema de seguridad habitual en JavaScript es el *cross site scripting* (XSS). Se basa en explotar un mecanismo de seguridad habitual en la web, la política del mismo origen. Esta consiste en que si se conceden determinados privilegios al contenido de cierto servidor web, todo el contenido que envíe ese servidor tendrá los mismos privilegios. Aprovechándose de errores de seguridad en aplicaciones o servidores web, un atacante puede poner código JavaScript oculto dentro del código normal de la aplicación. Este código llega al cliente desde el servidor al que ha solicitado la página y, por tanto, se considera seguro.

Protocolo HTTPS y certificados

El protocolo básico para la comunicación con un servidor web es el HTTP. Existe una versión que añade SSL/TSL para hacer las comunicaciones más seguras, llamado HTTPS. Este es el protocolo habitual cuando se accede a un banco o a una cuenta de correo web. El principal objetivo es evitar que se puedan espiar las comunicaciones y los ataques tipo 'hombre en el medio' (*man-in-the-middle*).

Este protocolo se basa en la existencia de certificados criptográficos cuya autenticidad es refrendada por las llamadas Autoridades de Certificación. Los navegadores web incluyen una lista de Autoridades de Certificación fiables y las usarán para establecer comunicaciones seguras usando HTTPS.

Aunque este sistema en general se considera muy seguro, recientemente se han detectado vulnerabilidades en el protocolo HTTPS y a lo largo de los años se han detectado certificados que habían sido validados incorrectamente por alguna Autoridad de Certificación.

2.4. Integración de aplicaciones en navegadores. Adaptadores (*plugins*)

Los adaptadores o *plugins* son elementos de *software* que añaden nuevas funcionalidades al navegador, como reproducir nuevos tipos de ficheros.

2.4.1. Adaptadores comunes en diferentes navegadores

Hasta la aparición de HTML5, era habitual tener que usar varios adaptadores para reproducir audio, vídeo y contenido multimedia en diferentes formatos, pero actualmente la mayoría de los navegadores soportan los formatos estándar y no es necesario. Podemos ver los adapatadores instalados en Firefox accediendo a la dirección *about:addons*, o a través del menú *Complementos →* *Plugins*.

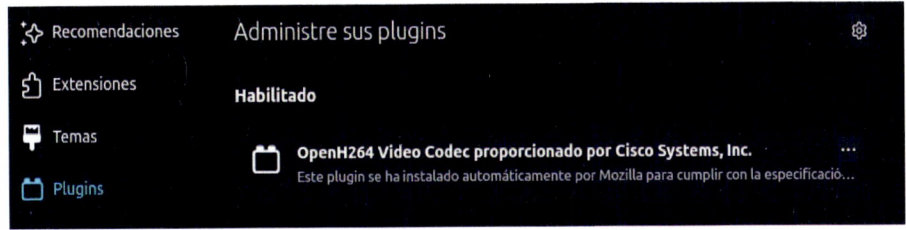

Ilustración 2.3. Adaptadores instalados en Firefox.

2.4.2. Configuración de tipos de ficheros y adaptadores

Como se puede ver en la ilustración 2.4, es posible tener varios adaptadores para el mismo tipo de contenido. En ese caso, hay que elegir cuál se desea usar. En Firefox se puede configurar a través de *Ajustes → Archivos y aplicaciones*. También se puede seleccionar una aplicación instalada en el ordenador si hay alguna apropiada.

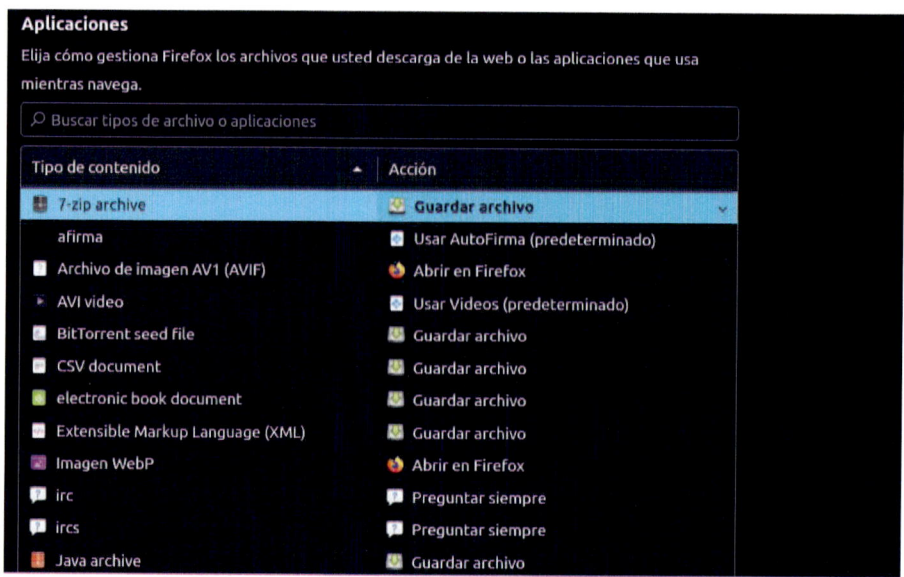

Ilustración 2.4. Configuración de tipos de ficheros en Firefox.

2.5. Conformidad a estándares

El W3C se encarga de publicar los estándares para HTML y CSS. Ecma International se encarga del estándar ECMAScript, del que derivan JavaScript y otros lenguajes del lado del cliente. Aunque los navegadores mejoran progresivamente el soporte para estos estándares, hoy por hoy no es posible estar seguros de cómo se verá una página en un navegador concreto sin probarlo.

También es frecuente que los navegadores implementen funcionalidades antes de que sean recogidas por un estándar. Por ejemplo, varios navegadores utilizan propiedades CSS fuera del estándar. Las de Firefox tienen el prefijo *moz-*, como *moz-column-fill*.

TEST TEMA 2

2.1. Marca la afirmación que consideres correcta.

a) JavaScript se ejecuta en el lado del servidor y, por tanto, no puede causar problemas en el equipo de un usuario de la página web.

b) JavaScript se ejecuta en el navegador y, por tanto, puede acceder a todos los ficheros y programas instalados en el equipo.

c) JavaScript se ejecuta en el navegador, pero su capacidad de intervenir en el equipo es limitada.

2.2. ¿Para qué sirven los adaptadores o *plugins*?

a) Permiten traducir páginas de un idioma a otro.

b) Permiten que el navegador sea capaz de interpretar nuevos formatos o tipos de ficheros.

c) Cambian el aspecto del navegador para gente con problemas de accesibilidad.

2.3. ¿Para qué sirven las extensiones?

a) Añaden nuevas funcionalidades al navegador.

b) Permiten que el navegador sea capaz de interpretar nuevos formatos o tipos de ficheros.

c) Mejoran la seguridad del navegador.

2.4. Marca la afirmación que consideres correcta.

a) Los navegadores más importantes implementan los estándares de HTML, CSS y ECMAScript en su totalidad.

b) Los navegadores pueden implementar características no estandarizadas.

c) Escribir una página que cumpla los estándares garantiza que funcionará en todos los navegadores.

EJERCICIOS TEMA 2

2.1. De los cinco navegadores que se citan en el capítulo, instala todos los que estén disponibles en tu sistema operativo.

2.2. Comprueba si puedes ver vídeos en YouTube. Si no puedes, instala el adaptador apropiado.

2.3. En el menú del navegador (o navegadores), busca cómo obtener extensiones e instala alguna que te parezca interesante.

3. Creación de contenido web dinámico

Contenido

3.1. Fundamentos de programación

3.2. Lenguajes para el desarrollo de contenido dinámico

El contenido web estático es siempre el mismo, independientemente de quien se lo solicite al servidor o las acciones que realice el usuario en la página. El contenido dinámico, por el contrario, cambia. Los cambios pueden venir de la información recibida del servidor o por la manipulación del DOM por parte de *scripts* en el cliente.

Por un lado, se habla de páginas web dinámicas cuando su contenido o, al menos, parte se genera en el servidor. Un caso habitual es una página de venta de billetes de avión. El usuario introduce origen, destino y las fechas en que quiere viajar. Estos datos se pasan como parámetros al servidor, que los usará para generar la respuesta correspondiente: una lista con los vuelos disponibles y sus precios. Si se realiza otra búsqueda, se accede a la misma página del servidor pero con parámetros diferentes, por lo que se obtendrá otro resultado. Este tipo de páginas requieren un programa en el lado del servidor, por ejemplo, en PHP, que se encarga de procesar la petición y generar la página que enviará al cliente.

También se habla de contenido dinámico en el lado del cliente. En este caso, los cambios en la página se producen mediante un programa o *script* que se ejecuta en el navegador. Normalmente, se trata de JavaScript, aunque también hay otras opciones. Algunas de las cosas que se pueden hacer en el lado del cliente son:

- Añadir, eliminar u ocultar elementos de la página manipulando el DOM.
- Cambiar las propiedades (color, tamaño) de los elementos de la página.
- Utilizar AJAX para mantener comunicaciones periódicas con el servidor web sin que sea necesaria una petición del usuario. Por ejemplo, la sección de últimas noticias de un periódico podría recargarse automáticamente cada cinco minutos.

3.1. Fundamentos de programación

En esta sección se tratan los conceptos básicos de programación: variables, estructuras de control y subrutinas. Para explicarlos, escribiremos los ejemplos en pseudocódigo.

El pseudocódigo es una manera informal de escribir un programa. En lugar de usar un lenguaje de programación se utiliza el lenguaje natural, en nuestro caso el español. Los programas se estructuran de una manera similar a como se haría en un lenguaje de programación, pero dejando de lado detalles que no se consideran importantes. Se usa para aprender a programar sin tener que preocuparse de las rígidas reglas de sintaxis de los lenguajes de programación.

Además de como primer contacto con la programación, es habitual usar pseudo-código cuando se empieza a plantear un programa.

El primer ejemplo será el habitual programa 'Hola Mundo', que simplemente escribe ese mensaje por pantalla.

```
Programa holaMundo
        Imprimir 'Hola Mundo'
```

Ejemplo 3.1. Programa 'Hola Mundo'.

3.1.1. Constantes, variables. Tipo de datos simples y estructurados.

Los programas almacenan los datos que manejan en variables. Las variables tienen un nombre y un tipo de dato. Es importante escoger nombres que representen bien el cometido de la variable. Cada lenguaje de programación ofrece unos tipos de datos determinados. Algunos tipos de datos simples habituales son:

• Números enteros.

• Números con decimales.

• Caracteres.

• Cadenas de caracteres.

• Booleanos (verdadero o falso).

Las constantes son similares a las variables, pero tienen un valor inicial que no puede cambiar. Algunos lenguajes de programación no permiten declarar constantes, pero siempre es posible utilizar una variable y no modificar su valor a lo largo del programa.

```
1      Programa variablesYConstantes
2          Entero a;
3          Cadena cad = 'Hola';
4          Entero b = 2, c;
5          Entero constante cons = 4;
6          Imprimir b;
7          c = 3;
8          b = 5;
9          Imprimir b, c;
```

Ejemplo 3.2. Variables y constantes.

Veamos qué hace este programa en detalle:

- En la línea 2 se declara la variable *a* con tipo de dato Entero. No se inicializa. Hay lenguajes que inicializan por defecto a 0 las variables enteras, pero en otros casos podría tener un valor no determinado o nulo. De cualquier manera, se considera una buena práctica de programación inicializar todas las variables.

- En la línea 3 se crea una variable llamada *cad* de tipo Cadena, que se inicializa con el valor 'Hola'. El operador '=' no representa igualdad, sino asignación. La instrucción anterior quiere decir "crear una variable llamada *cad* y asignarle el valor 'hola'".

- En la línea 4 se declaran dos variables a la vez, separadas por comas. Es una opción habitual en los lenguajes de programación. La primera se inicializa, pero la segunda no.

- En la línea 5 declara una constante entera llamada *cons* y le asigna el valor 4. Este valor no se podrá modificar más adelante.

- En la línea 6 se imprime el valor de *b*. Mostraría un 2 por la pantalla.

- En la línea 7 se asigna el valor 3 a *c*.

- En la línea 8, se asigna el valor 5 a *b*. El valor anterior de *b* se pierde.

- En la última línea se imprime el valor de *b* y *c*. Mostraría 5 y 3.

Tipos estructurados

A partir de los tipos de datos básicos, es posible definir tipos de datos estructurados, también llamados *tipos compuestos, estructuras de datos* o *registros*. Cada uno de los elementos de la estructura se llama *campo* y se identifica con un nombre. Algunos ejemplos típicos son:

- Fecha. Una estructura de datos con tres campos enteros.

```
Estructura Fecha {
        Entero día;
        Entero mes;
        Entero año;
}
```

Ejemplo 3.3. Estructura de datos Fecha.

- Fracción. Una estructura de datos con dos campos enteros, el numerador y el denominador.

```
Estructura Fracción {
      Entero numerador;
      Entero denominador;
}
```

Ejemplo 3.4. Estructura Fracción.

También es posible utilizar una estructura de datos como campo en otra. Por ejemplo, podemos crear un tipo de dato complejo para almacenar los datos de una persona con dos campos. El primero sería una cadena de caracteres para el nombre y el segundo una variable del tipo compuesto Fecha, con la fecha de nacimiento.

```
Estructura Persona {
      Cadena nombre;
      Fecha nacimiento;
}
```

Ejemplo 3.5. Estructura Persona.

Se puede acceder a cada campo por separado. El siguiente ejemplo muestra cómo declarar y dar valor a una variable de tipo Fecha.

```
Programa ejemploFecha
   Fecha f, f2;
   f.dia = 11;
   f.mes = 12;
   f.año = 2000;
   f2 = f;
   Imprimir f2.dia, f2.mes, f2.año;
```

Ejemplo 3.6. Cómo usar una estructura.

3.1.2. Expresiones y sentencias. Operadores básicos

Un programa está compuestos por una serie de sentencias o instrucciones. Las sentencias contienen expresiones. Una expresión es una combinación de variables, constantes, operadores y funciones. Las expresiones se evalúan, y el resultado de la evaluación es un valor. Por ejemplo:

```
4 + 1
```

es una expresión que se evalúa a 5.

Un operador es un símbolo que representa una operación entre sus operandos. Hasta ahora solo hemos visto la asignación (=) y la suma (+). Los lenguajes de programación incorporan muchos operadores. Aunque los detalles varían de un lenguaje a otro, la mayoría incluyen los operadores aritméticos y lógicos más habituales. El ejemplo 3. 7 utiliza los operadores aritméticos básicos.

```
1       Programa ejemploOperadores
2           Entero num1, num2, suma, resta, producto;
3           Decimal división;
4           num1 = 4;
5           num2 = 8;
6           suma = num1 + num2;
7           resta = num1 - num2;
8           producto = num1 * num2;
9           división = num1 / num2;
10          Imprimir suma, resta, producto, división;
```

Ejemplo 3.7. Operadores aritméticos.

Se declaran dos variable enteras *num1* y *num2*, y luego se suman, restan, multiplican y dividen. Paso a paso:

- En la línea 2 se declaran 5 variables. Las dos primeras para almacenar los operandos y tres más para almacenar su suma, resta y producto.

- En la línea 3 se declara una variable Decimal (un número con decimales) para almacenar el resultado de la división.

- En las líneas 4 y 5 se da valor a *num1* y *num2*.

- En la línea 6 se realiza la suma. La expresión 'num1 + num2' se evalúa a 12 y se almacena en *suma*.

- En las líneas 7, 8 y 9 se realizan las otras tres operaciones.

- La última línea muestra los cuatro resultados (12, -4, 32, 0.5).

3.1.3. Control de flujo: secuencial, bucles y condicionales

La programación estructurada se basa en tres estructuras de control: secuencias, selección y repetición.

Secuencias

- Los bloques o secuencias sirven para agrupar varias instrucciones. Es habitual usarlos en las estructuras de condicionales y los bucles, como veremos a continuación. En muchos lenguajes se usan llaves ('{' y '}').

Estructuras condicionales

Las estructuras de selección permiten ejecutar o no una secuencia de instrucciones en función de una condición. La más sencilla es la estructura *si*.

```
si  a  > 0 {
        instrucciones;
}
```

Si la condición especificada es verdadera, se ejecuta el bloque de instrucciones asociado. Si solo queremos ejecutar una instrucción, no hace falta usar las llaves.

```
si a > 0
        instrucción;
```

Se puede añadir una cláusula *si no* con las instrucciones que se ejecutarán si la condición no se cumple.

```
si  condición {
        instrucciones_verdadera;
} si no {
        instrucciones_falsa;
}
```

También nos podemos ahorrar las llaves si solo hay una instrucción.

```
si condición
        instruccion_verdadera;
si no
        instruccion_falsa;
```

El siguiente ejemplo mostraría 'a es positivo' y 'b es negativo o cero'

```
Programa condicional
        Entero a = 2, b = -3;
        si a > 0 {
            Imprimir 'a es positivo';

        }
        si b > 0 {
            Imprimir 'b es positivo'
        } si no {
            Imprimir 'b es negativo o cero'
        }
```

Ejemplo 3.8. Estructura *si*.

En la sección 4.2.5 veremos otra estructura de control condicional y cómo usar condiciones complejas.

Bucles

Los bucles son estructuras de repetición. Las instrucciones situadas dentro del bucle se repiten un cierto número de veces o mientras se cumpla cierta condición. La mayoría de los lenguajes incluyen varios tipos de bucle. Los más habituales son los bucle *para* y *mientras*.

La forma más sencilla de bucle *para* es:

```
Programa buclePara
        Entero i;
        para i de 1 a 5 {
            Imprimir i
        }
```

Ejemplo 3.9. Bucle *para*.

Las instrucciones dentro del bucle se repiten para las los valores de *i* 1, 2, 3, 4 y 5. La salida del ejemplo 3.9 consiste en esos cinco números.

El bucle *mientras* se ejecuta mientras se cumpla una condición:

```
Programa bucleWhile
        Entero i = 1;
```

```
mientras i < = 5 {
      Imprimir i;
      i = i+1;
}
```

Ejemplo 3.10. Bucle *mientras*.

Las instrucciones entre las llaves se repiten mientras la variable *i* sea menor o igual que cinco. En cada iteración del bucle se incrementa el valor de la variable. La salida es la misma que en el ejemplo anterior.

En las sección 4.2.6 veremos más tipos de bucles y cómo anidarlos.

3.1.4. Subprogramas: procedimientos y funciones. Librerías

Los subprogramas o subrutinas son conjuntos de instrucciones que realizan una operación concreta, como crear un fichero o calcular la raíz cuadrada de un número. Es posible llamar (o invocar) a una subrutina desde un programa u otro subprograma utilizando su nombre.

Es habitual distinguir entre dos tipos de subprogramas: procedimientos y funciones. La única diferencia entre ambos es que los procedimientos no devuelven ningún valor, pero las funciones sí. En algunos lenguajes, como JavaScript, no se hace esa distinción. Simplemente se permite que haya funciones que no devuelven ningún valor. El siguiente ejemplo define un procedimiento básico llamado saludar que simplemente imprime 'Hola' por la pantalla. Los paréntesis después del nombre sirven para declarar los parámetros del procedimiento. Hablaremos de los parámetros más adelante.

```
Procedimiento saludar()
      Imprimir 'Hola'
```

Ejemplo 3.11. Procedimiento básico.

El siguiente programa solo contiene una instrucción, que es una llamada al procedimiento saludar. Mostraría 'Hola' por pantalla.

```
Programa ejSubRutinas1
      saludar()
```

Ejemplo 3.12. Programa que llama al procedimiento saludar.

También es posible declarar variables dentro de las subrutinas. Se llaman variables locales y solo existen mientras se ejecuta la subrutina en la que están declaradas. Solo se puede acceder a ellas dentro de la subrutina. Se puede ver en el siguiente ejemplo:

```
1  Procedimiento ejLocales()
2       Entero a = 1, b = 2;
3       Imprimir a, b;
4  Programa varLocales
5       Entero a = 4;
6       ejLocales();
7       Imprimir a;
8       Imprimir b;
```

Ejemplo 3.13. Variables locales en subrutinas.

- El procedimiento ejLocales() declara dos variables, las inicializa y las imprime. La variable *a* vale 1.

- El programa varLocales declara una variable que también se llama *a*. Aunque tenga el mismo nombre que la del procedimiento, es una variable diferente.

- En la línea 5 llama al procedimiento ejLocales(), por lo que se imprimen las variables *a* y *b*. Se trata de las variables locales del procedimiento, mostraría por pantalla 1 y 2.

- En la línea 7 se imprime la variable *a*. Se imprime la variable del programa, no la del procedimiento. De hecho, las variables locales *a* y *b* dejan de existir cuando finaliza la función. Esta línea mostraría un 4 por pantalla.

- En la línea 8 se intenta imprimir la variable *b*. Esta línea provocará un error, porque la variable no está definida. Solo existe dentro de la subrutina.

Parámetros y argumentos

Las subrutinas pueden tener parámetros. Se indican dentro de los paréntesis que aparecen junto al nombre, separados por comas si hay más de uno. Es habitual indicar primero el tipo de dato y luego el nombre, que se usará para referirse al parámetro dentro de la función. Los parámetros son también variables locales de la subrutina.

Los valores con los que se llama a la función son los argumentos. Es habitual usar los términos *parámetro* y *argumento* indistintamente, pero hablando con precisión los parámetros son las variables locales del procedimiento, y los argumentos son los valores con los que realmente se llama a la función. En el siguiente ejemplo, el procedimiento imprimirMensaje() tiene un parámetro de tipo Cadena y nombre mensaje. El programa lo llama con el argumento 'Hola', que es el mensaje que imprimirá el procedimiento.

```
Procedimiento imprimirMensaje(Cadena mensaje)
        Imprimir mensaje;
Programa ejSubRutinas2
        imprimirMensaje('Hola');
```

Ejemplo 3.14. Procedimiento con un parámetro.

Funciones

Las funciones son similares a los procedimientos. También pueden tener parámetros. La diferencia está en que la función devuelve un valor. Por ejemplo, la función cuadrado recibe un número y devuelve su cuadrado.

```
Funcion cuadrado(Entero num) devuelve Entero
        Entero resul;
        resul = num * num;
        devolver resul;
```

Ejemplo 3.15. Función cuadrado().

El siguiente programa utiliza la función cuadrado:

```
1 Programa ejSubrutinas3
2          Entero a = 2, b;
3          b = cuadrado(a);
4          Imprimir b;
```

Ejemplo 3.16. Programa que usa la función cuadrado().

- En la línea 2 se declaran dos variables, *a* para el número que se va a elevar al cuadrado y *b* para el resultado.

- En la línea 3 se llama a la función cuadrado con *a* como argumento y el resultado se asigna a la variable *b*. Como *a* vale 2, la función devuelve 4. La expresión 'cuadrado(a)' se evalúa a 4, el valor de retorno de la función.

- El 4 se guarda en la variable *b*.

- En la última línea se imprime *b*. Mostraría un 4 por pantalla.

Librerías

Las funciones se agrupan en librerías para facilitar su almacenamiento y utilización. Normalmente, las funciones de una librería hacen tareas relacionadas. Los lenguajes de programación suelen incluir una serie de librerías con las funciones más habituales. Los programadores también pueden crear librerías propias para reutilizar sus funciones en aplicaciones futuras.

3.1.5. Tipos de parámetros

En los ejemplos anteriores hemos usado los parámetros para pasar información a la función. En este caso se habla de parámetros de entrada. En general, se puede distinguir entre parámetros de entrada, de salida y de entrada/salida:

- Los parámetros de entrada sirven para pasar valores a la subrutina. La función o procedimiento utiliza el argumento recibido para realizar su tarea, pero no puede modificar su valor.

- Los parámetros de salida son modificados por la subrutina. Es parecido a devolver valores usando una función. De hecho, puede ser útil si se desea hacer una función que devuelva varios valores. Cuando un parámetro es de salida, hay que usar una variable al llamar la subrutina, no un valor literal.

- Los parámetros de entrada/salida sirven para las dos cosas.

Algunos lenguajes de programación permiten especificar las tres opciones. En otros, como Java, depende del tipo de dato. Si se trata de un tipo de dato primitivo (como *int*, para números enteros), la función recibe una copia del argumento y, por tanto, la variable original no se puede modificar. En cambio, si se trata de un objeto, se pasa una referencia al mismo y es posible modificarlo.

El siguiente ejemplo usa parámetros de salida. El procedimiento divisionEntera() tiene cuatro parámetros, dos de entrada y dos de salida. Calcula el cociente y el resto de la división de los dos primeros y almacena los resultados en los otros dos.

```
Procedimiento divisionEntera(Entero num1, Entero num2,
                    Entero salida cociente, Entero salida resto)
        cociente = num1 / num2;
        resto = num1 % num2;
```

Ejemplo 3.17. Procedimiento divisionEntera().

El % se usa en muchos lenguajes para el operador módulo. Calcula el resto de la división entera entre sus operandos. El siguiente programa utiliza el procedimiento anterior.

```
Programa parametrosSalida
        Entero dividendo, divisor, c, r;
        dividendo = 11;
        divisor = 4;
        divisionEntera(11, 4, c, r);
        Imprimir c, r;
```

Ejemplo 3.18. Programa que usa el procedimiento divisionEntera().

Valores por defecto

Algunos lenguajes permiten establecer valores por defecto para los parámetros. Se usan cuando al llamar al procedimiento o función no se especifica el argumento correspondiente. En el siguiente ejemplo se crea una función llamada suma con dos parámetros enteros. El segundo tiene un valor por defecto 1, lo que se indica poniendo el valor después del parámetro. La función devuelve la suma de los dos argumentos.

```
Function suma(Entero num1, Entero num2 1)
        Entero resul;
        resul = num1 + num2;
        devolver resul;

Programa ejDefecto
        Entero r1, r2;
        r1 = suma(3, 4);
        r2 = suma(5);
        Imprimir r1, r2;
```

Ejemplo 3.19. Parámetros con valor por defecto.

El programa llama a la función suma() dos veces. La primera usa dos argumentos, 3 y 4, que serán los valores de *num1* y *num2*. La función devuelve 7 y ese valor se almacena en *r1*. En la segunda llamada se usa solo un argumento, 5. Será el valor de *num1*. Como no hay segundo argumento, se toma su valor por defecto, que es un 1. En este caso, la función devuelve 6 y el resultado se almacena en *r2*.

Parámetros con nombre

En los ejemplos anteriores los argumentos de la llamada se asocian con los parámetros de la subrutina según el orden en el que aparecen. En algunos lenguajes es posible usar los nombres de los parámetros para asociar con los argumentos. Esto es especialmente útil en subrutinas con muchos parámetros.

Número indeterminado de parámetros

Algunos lenguajes permiten escribir subrutinas con un número indeterminado de parámetros.

```
Programa paramVariable
      Entero s1, s2;
      s1 = suma(4, 5);
      s2 = suma(4, 5, 6);
```

3.1.6. Llamadas a funciones. Recursividad

Ya hemos visto que cuando se llama a una función esta devuelve un valor, que puede ser almacenado en una variable o utilizado como parte de una expresión más compleja:

```
Imprimir cuadrado(3) * cuadrado(5);
```

Podemos llamar a una función desde un programa, un procedimiento o una función. De hecho, una función puede llamarse a sí misma, lo que se conoce como recursividad. Como ejemplo, vamos a ver el pseudocódigo para una función que calcula el factorial de un número de forma recursiva. Suponemos que el argumento es positivo.

```
Función factorial(num)

      si num == 0 devolver 1

      si num > 0 devolver num * Factorial (num -1)
```

Ejemplo 3.20. Función recursiva.

La recursividad puede ser útil en ocasiones, pero no es fácil de entender para los principiantes.

3.1.7. Nociones de orientación a objetos: clases y objetos. Herencia

La programación orientada a objetos es un paradigma de programación desarrollado en la década de 1960, aunque no se popularizó hasta los años ochenta y noventa. Actualmente, muchos de los lenguajes más extendidos son orientados a objetos, como Java, JavaScript y C++.

Algunos conceptos fundamentales de la programación orientada a objetos son:

- Encapsulamiento de datos. Los objetos tienen una serie de atributos y además están asociados a una serie de subrutinas, generalmente conocidas como métodos. El hecho de que los objetos agrupen datos y métodos en un solo elemento favorece la reutilización del código. Este es uno de los objetivos principales de la programación orientada a objetos.

- Clases. Los objetos son instancias de una clase. Después de crear la clase Persona podremos pedir tantos objetos de esa clase como necesitemos. Cada objeto representará a una persona en concreto. Todos los objetos de la misma clase tienen los mismos atributos (no con el mismo valor) y métodos.

- Atributos. Los atributos son similares a los campos de una estructura de datos. Por ejemplo, si creamos una clase para fracciones tendría como atributos el numerador y el denominador. En la mayoría de los lenguajes se accede a los atributos del objeto así:

```
objeto.atributo = valor
```

También existen los atributos estáticos o de clase. En lugar de estar asociados a los objetos, están asociados a la clase. Esto quiere decir que solo hay uno, no uno por cada objeto. Se accede a ellos a través de la clase.

```
Clase.atributo = valor
```

- Métodos. Los métodos son subrutinas asociadas a un objeto o clase. Pueden recibir argumentos y devolver valores. Además, pueden manipular los atributos del objeto desde el que se les invoca.

La sintaxis habitual para llamar a un método es:

```
objeto.metodo( argumentos )
```

También hay métodos estáticos asociados a la clase en vez de a cada objeto:

```
Clase.metodo( argumentos )
```

Siguiendo con el ejemplo anterior, la clase para fracciones podría tener métodos para simplificar una fracción (sin argumentos) y para multiplicarla por otra (que se pasaría como argumento).

- Herencia. Otro de los mecanismos básicos de la programación orientada a objetos. Permite definir nuevas clases a partir de otras ya existentes. La clase original se conoce como clase padre o base, y la nueva como clase derivada o hija. La clase derivada hereda todos los atributos y métodos de la clase padre. Puede añadir nuevos elementos y también modificar alguno de los que hereda (sobrescritura). En algunos lenguajes se permite la herencia múltiple, es decir, que una clase herede de varias.

3.1.8. Principales metodologías de programación

Las aplicaciones o soluciones informáticas pueden llegar a ser grandes proyectos. Hay que dedicar una gran cantidad de tiempo a analizar el problema que se quiera resolver y plantearlo correctamente. También hay que diseñar una solución e implementarla. Este proceso puede llevar mucho tiempo e involucrar a gran cantidad de personas. Para poder enfrentar un proyecto mediano o grande con garantías de éxito es necesario utilizar un marco de trabajo estructurado que ayude a los desarrolladores a organizar el proceso.

A lo largo del tiempo se han ido desarrollando diversos enfoques o modelos de desarrollo de *software*.

Modelo en cascada

El modelo de desarrollo de *software* clásico es el modelo en cascada o lineal. Aunque se pueden encontrar diferentes versiones, es habitual que conste de seis etapas:

- Análisis. La primera fase consiste en analizar y entender el problema. Suele incluir entrevistas con el cliente para conocer sus necesidades y las soluciones que busca. De esta fase debe salir una especificación de requisitos para la aplicación que será el punto de partida para el diseño de una solución.

- Diseño. En esta fase se plantean y comparan diversas alternativas para realizar la aplicación. Con la alternativa elegida se realiza el diseño de la futura aplicación.

- Implementación. Esta fase consiste en construir la aplicación.

- Pruebas. La aplicación debe ser probada intensivamente antes de entregarla al cliente. Se recomienda plantear las pruebas a las que se someterá a la aplicación en el momento del análisis.

- Implantación. La aplicación se instala en los equipos del cliente. Hay que realizar pruebas de implantación.

- Mantenimiento. Según la ISO, el mantenimiento aplicaciones informáticas puede ser de cuatro tipos:

  — Mantenimiento correctivo. Corrección de errores. Deberían detectarse en la fase de prueba, pero es habitual que las aplicaciones (no críticas) contengan pequeños errores que llegan hasta el cliente.

  — Mantenimiento adaptativo. Cambios para adaptar la aplicación a un nuevo entorno. Por ejemplo, para ser compatible con una nueva versión de la base de datos.

  — Mantenimiento perfectivo. Consiste en ampliar de funcionalidad la aplicación.

  — Mantenimiento preventivo. Mejorar la calidad o la facilidad de mantenimiento de la aplicación. Evita posibles errores antes de que ocurran.

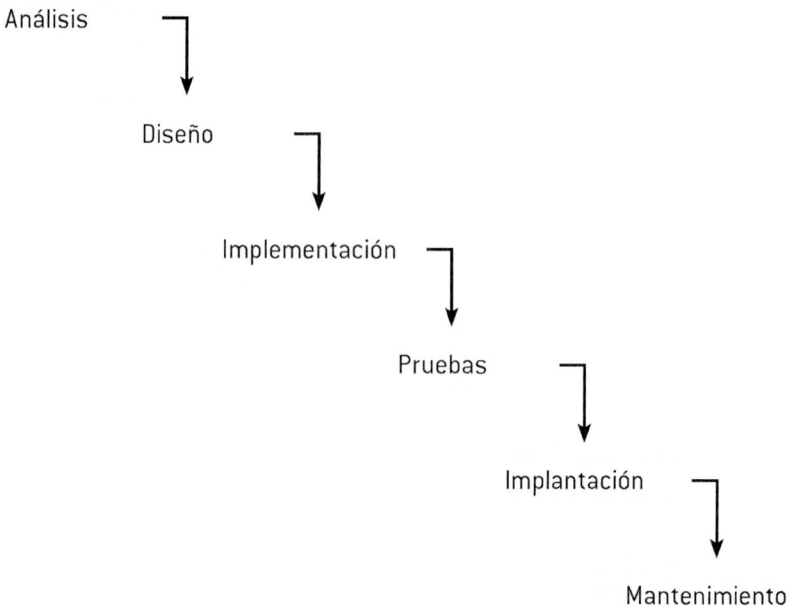

Ilustración 3.1. Modelo de desarrollo en cascada.

Se admite cierto solapamiento entre fases. Algunas características de este modelo son:

- Al ser puramente lineal, los errores de las primeras fases se arrastran durante las siguientes. Es un modelo poco flexible.

- Planifica todo el proyecto desde el principio. Esto puede ser difícil de llevar a cabo en la práctica.

- Cada etapa se documenta exhaustivamente. Se genera una serie de documentos que servirá como entrada a la fase siguiente.

- Solo es un modelo apropiado para grandes proyectos con requerimientos claros desde que se inicia.

- En principio, el cliente solo toma parte en el proyecto al principio del mismo, para explicar lo que quiere.

Modelo basado en protopipos

Más que un modelo propiamente dicho se trata de un enfoque aplicable a diferentes modelos. Es un proceso iterativo en el que, a partir de un análisis de requisitos inicial, se realizan prototipos cada vez más complejos. El cliente da su opinión sobre cada nuevo prototipo, y se incorporan sus sugerencias para la siguiente iteración. Este enfoque es útil:

- Para identificar requisitos.

- Para el diseño de la interfaz. En este caso, no hace falta implementar realmente todas las funcionalidades en los prototipos.

- Para detectar errores de planteamiento en fases tempranas.

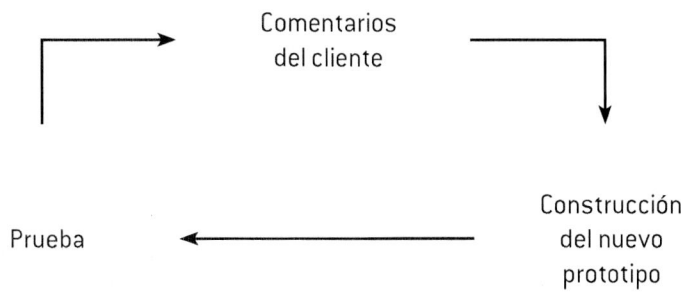

Ilustración 3.2. Modelo basado en prototipos.

Modelo en espiral

El modelo en espiral incorpora elementos de los dos anteriores. Fue propuesto por Boehm en 1986. El proceso se desarrolla de modo iterativo, y en cada iteración incluye un proceso completo de análisis, diseño y prueba similar al del modelo en cascada. Incluye además una fase de análisis de riesgos. La fase final de cada iteración es la evaluación del producto por parte del cliente.

Las primeras iteraciones se dedican a completar la especificación de requisitos y realizar un prototipo de la aplicación. En las siguientes se van añadiendo funcionalidades hasta llegar a una versión completa.

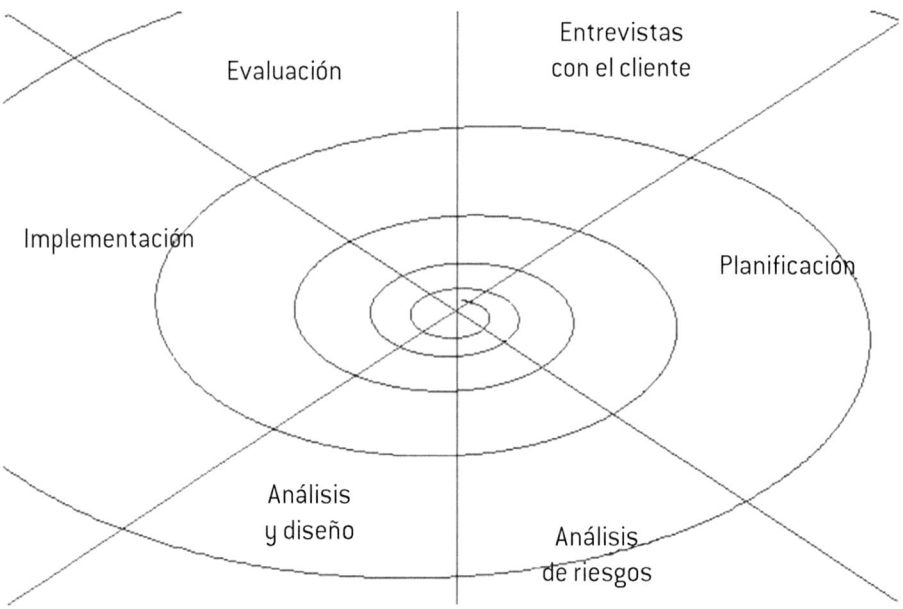

Ilustración 3.3. Modelo en espiral.

Desarrollo ágil de *software*

El desarrollo ágil de *software* es un enfoque más flexible que los anteriores en el que se basan varias metodologías. Las ideas fundamentales se publicaron en el **Manifiesto Ágil**:

- Se basa en el desarrollo iterativo. Cada iteración es corta. Se desarrollan nuevas versiones del *software* cada poco tiempo, entre dos semanas y dos meses.

- Solo se desarrolla lo necesario.

- Los equipos de trabajo son pequeños y se organizan autónomamente. También es importante que estén en contacto continuo, si es posible en el mismo espacio y con conversaciones diarias.

- Contacto continuo con los clientes.

- Algunas metodologías ágiles son: SCRUM, Programación Extrema (XP) o Desarrollo de Software Adaptativo.

3.2. Lenguajes para el desarrollo de contenido dinámico

Como ya se ha comentado al principio del capítulo, el contenido dinámico puede provenir del servidor o del cliente. En este apartado se tratan las opciones disponibles para escoger un lenguaje de programación en el lado del cliente.

3.2.1. Lenguajes de guion. Características generales

Los lenguajes de guion (o *scripts*) ejecutan dentro de un entorno de ejecución en el que son interpretados (en lugar de compilados). Un ejemplo clásico son los *shell scripts* de los sistemas tipo Unix. Consisten en una secuencia de comandos que son interpretados por la *shell*, el intérprete de comandos del sistema. En el caso del desarrollo web, los guiones se ejecutan dentro del navegador y pueden manejar los elementos de la página a través del DOM (ver sección 4.8).

3.2.2. Comparativa de lenguajes de guion. Criterios para la selección de un lenguaje de guion

Antes de enumerar los lenguajes de disponibles para el desarrollo web, conviene hacer un poco de historia para aclarar algunos conceptos básicos. JavaScript fue originalmente desarrollado para el navegador Netscape por Brendan Eich. Microsoft no tardó en crear su propia versión del lenguaje, a la que llamó JScript. Posteriormente, la organización Ecma estandarizó el lenguaje con el nombre de ECMAScript. JavaScript es una implementación, o dialecto, de este lenguaje, pero en la práctica es común usar JavaScript para referirse a ECMAScript.

Otras opciones habituales son:

- Dart. Es un lenguaje de código abierto desarrollado por Google. El código escrito en Dart, entre otras opciones, se puede compilar a JavaScript para su ejecución en cualquier navegador.

- TypeScript. Es un lenguaje de código abierto desarrollado por Microsoft orientado al desarrollo de grandes aplicaciones. Es un superconjunto de JavaScript, por lo que el código JavaScript es también válido como TypeScript. Al igual que en el caso de Dart, el código TypeScript se compila a JavaScript.

3.2.3. Máquinas virtuales en navegadores. Miniaplicaciones (*applets*)

Las *applets* son pequeñas aplicaciones que se ejecutan dentro de su propio entorno por medio de un *plugin*. El ejemplo más conocido, ya en desuso, son las *applets* de Java, pequeños programas escritos en Java que se pueden incrustar en una página web. Para ejecutarlas, el navegador tiene que tener instalada la máquina virtual de Java (JVM). El programa se ejecuta dentro de la máquina virtual y la interacción con el resto de la página o con el equipo cliente está muy limitada. Aunque esto restringe la funcionalidad de las *applets*, mejora la seguridad.

Un ejemplo más moderno es Dart. Además de la opción de compilarlo a JavaScript para que se ejecute en cualquier navegador, Chrome incorpora una máquina virtual capaz de interpretar Dart directamente.

3.2.4. Otros lenguajes para el desarrollo de aplicaciones web enriquecidas

Las aplicaciones web enriquecidas tienen características propias de las aplicaciones de escritorio, pero sin necesidad de instalarse en el ordenador cliente. Anteriormente, era habitual usar Flash o Silverlight, pero estas tecnologías fueron sustituidas por JavaScript, como se hace en las aplicaciones de una sola página (*Single Page Application,* SPA), o en las aplicaciones web progresivas (*Progressive Web Application,* PWA).

Fuera de JavaScript, se puede citar JavaFX, el API de Java para desarrollo de interfaces de usuario avanzadas, que se puede utilizar para aplicaciones de escritorio y web.

TEST TEMA 3

3.1. En qué se diferencian las funciones y los procedimientos:

a) Las funciones devuelven un valor, los procedimientos no.

b) Los procedimientos devuelven un valor, las funciones no.

c) Las funciones admiten parámetros, los procedimientos no.

3.2. Las estructuras básicas de control de flujo son:

a) Secuencias, condicionales y de repetición.

b) Bucles *para* y *mientras*.

c) Variables, objetos y clases.

3.3. Los parámetros de un subprograma:

a) Pueden ser de entrada o de salida, pero las dos cosas a la vez no.

b) Son variables locales al subprograma.

c) Deben ser todos del mismo tipo de dato.

3.4. Un objeto es:

a) Una instancia de una clase.

b) Un tipo de bucle.

c) Cualquier elemento de un programa.

3.5. ¿Cuál de las siguientes opciones contiene solo características de la programación orientada a objetos?

a) Clases, herencia, bucles.

b) Librerías, clases, bucles.

c) Clases, herencia, encapsulamiento.

3.6. Cuando una función se llama a sí misma se habla de:

a) Encapsulamiento de datos.

b) Recursividad.

c) Herencia.

3.7. Marca la afirmación que consideres correcta sobre el modelo en cascada:

a) Es apropiada para proyectos con requisitos poco claros.

b) Incluye una fase de análisis de riesgo.

c) Planifica con detalle todo el proyecto desde el principio.

3.8. Marca la afirmación que consideres incorrecta sobre el desarrollo ágil:

a) Requiere contacto continuo con el cliente.

b) Requiere contacto continuo entre los miembros del equipo.

c) Se basa en grandes equipos de trabajo.

3.9. Marca la afirmación que consideres correcta sobre el modelo en espiral:

a) El cliente solo participa al inicio del proyecto.

b) Requiere que los requisitos estén claros desde el principio.

c) Las primeras iteraciones se pueden utilizar para detallar los requisitos.

3.10. Marca la afirmación que consideres correcta:

a) JavaScript y JScript son dialectos del mismo lenguaje, ECMAScript.

b) JScript y Dart se usan solo en el lado del servidor.

c) JScript es un lenguaje aceptado por todos los navegadores importantes.

EJERCICIOS TEMA 3

3.1. Escribe el pseudocódigo de una función que reciba dos números como argumentos y devuelva el mayor.

3.2. Amplía el ejercicio anterior a tres números.

3.3. Escribe el pseudocódigo de un procedimiento que reciba un número positivo y muestre por pantalla todos los números desde el cero hasta el número recibido.

3.4. Modifica el procedimiento anterior para que muestre los números en orden decreciente.

3.5. Escribe el pseudocódigo de una función que reciba dos números y devuelva el resultado de elevar el primero al segundo.

3.6. Modifica el ejemplo 3.20 para que compruebe si la función recibe un número negativo. En ese caso debe devolver -1.

4. Lenguajes de guion de uso general

Contenido

4.1. Integración de lenguajes de guion en navegadores

4.2. Estructura general de un programa en un lenguaje de guion

4.3. Funciones

4. 4. Manipulación de texto

4.5. Listas (*arrays*)

4.6. Formatos estándar de almacenamiento de datos en lenguajes de guion

4.7. Objetos

4.8. El modelo de documento web

4.9. Gestión de eventos

4.10. Gestión de errores

4.11. Usos específicos de lenguajes de guion

4.12. Entornos integrados (*frameworks*) para el desarrollo con lenguajes de guion

A lo largo de este capítulo, veremos las principales características del lenguaje JavaScript, el lenguaje más extendido para el lado del cliente en desarrollo web. De hecho, debido a su popularidad, su uso se está extendiendo más allá de los navegadores y también hay versiones para usarlo en el lado del servidor. Este manual se centra solo en el uso de JavaScript dentro de un navegador.

Para muchas personas JavaScript es su primer contacto con la programación. Empiezan a usarlo para añadir pequeñas animaciones o *widgets* a sus páginas web. Lamentablemente, se trata de un lenguaje poco apropiado para principiantes. La sintaxis no es nada sencilla y es difícil depurar errores, al ser un lenguaje interpretado que se ejecuta en un navegador web (los navegadores no suelen mostrar errores, simplemente muestran todo el contenido que pueden). Se trata además de un lenguaje muy amplio, orientado a objetos y con características avanzadas.

4.1. Integración de lenguajes de guion en navegadores

Todos los navegadores actuales incluyen soporte para JavaScript. También incluyen la opción de desactivarlo dentro de la configuración de seguridad. Lo cierto es que la gran mayoría de los sitios web actuales lo usan y, si no está habilitado, se perderá parte de la funcionalidad. Es habitual que se muestre un mensaje de advertencia cuando JavaScript no está habilitado mediante el elemento HTML *noscript*.

4.1.1. Comparativa y compatibilidad con navegadores

Como ocurre con HTML y CSS, hay diferencias en la manera en que los navegadores interpretan JavaScript. Aunque es algo que mejora con las nuevas versiones de los navegadores, sigue siendo un foco de problemas para los desarrolladores. Una opción es usar librerías como jQuery o Dojo, que se ocupan de las diferencias entre navegadores (además de ofrecer otras muchas funcionalidades). Salvo que se especifique lo contrario, todos los ejemplos de este libro están probados con Mozilla Firefox.

4.1.2. Diferencias entre versiones

Los navegadores antiguos pueden tener problemas para ejecutar JavaScript. Pensando en este tipo de usuarios, conviene diseñar los sitios web teniendo en cuenta el principio de degradación suave (*graceful degradation*). Se debe intentar que toda la funcionalidad del sitio que no necesite JavaScript siga disponible para ellos.

4.2. Estructura general de un programa en un lenguaje de guion

La mayoría de las veces usamos JavaScript para responder a eventos. Por ejemplo, en una página con un formulario podemos hacer una función para validar los campos del formulario. Cuando se pulsa el botón (evento) de envío del formulario se llama a la función JavaScript asociada. También es habitual que haya una función que se ejecuta cuando se acaba de cargar la página y que se encarga de realizar inicializaciones. Es en esta primera función donde se suele establecer la asociación entre eventos y funciones.

Programa 'Hola mundo'

Para comenzar a programar en JavaScript escribiremos el clásico programa 'Hola mundo'. Es un programa habitual en los libros de programación que lo único que hace es imprimir 'Hola mundo' por la pantalla. Además de servir para conocer la estructura básica de un programa, lo realizaremos de varias formas para ver cómo se puede incluir JavaScript en una página web.

La primera opción es incluir código JavaScript mediante el elemento HTML *script*.

```
1    <!DOCTYPE html>
2    <html>
3      <head>
4        <title>¡Hola mundo!</title>
5        <meta charset="UTF-8">
6      </head>
7      <body>
8        <script type="text/javascript">
9          document.write("Hola mundo")
10       </script>
11     </body>
12   </html>
```

Ejemplo 4.1. 'Hola mundo' usando el elemento *script* y el método document.write().

En la línea 8 se encuentra la instrucción que imprime la frase. El navegador la ejecutará cuando llegue a esa parte del documento. En concreto, llama al método *write* del objeto *document*. Este objeto representa la página web que está ejecutando el *script*. El resultado de la instrucción es que añade la frase entre paréntesis al cuerpo de la página web. También se podría haber situado el elemento *script* dentro de la cabecera de la página (elemento *head*).

Hola mundo

Ilustración 4.1. Programa 'Hola mundo' con método document.write().

Otra opción habitual en los manuales JavaScript es usar una alerta en lugar del método *document.write()*.

```
1    <!DOCTYPE html>
2    <html>
3      <head>
4        <title>¡Hola mundo!</title>
5        <meta charset="UTF-8">
6      </head>
7      <body>
8        <script type="text/javascript">alert("Hola mundo")</script>
9      </body>
10   </html>
```

Ejemplo 4.2. 'Hola mundo' usando el elemento *script* y una alerta.

En lugar de escribir la frase dentro del documento, la mostrará en una alerta: una pequeña ventana con el texto indicado y un botón de aceptar que hay que pulsar para que la ventana desaparezca.

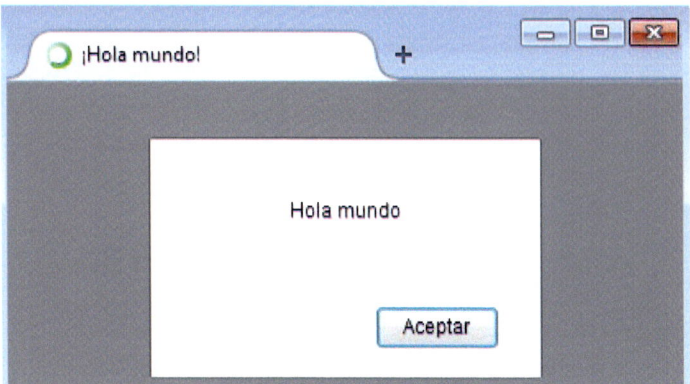

Ilustración 4.2. Programa 'Hola mundo' utilizando una alerta.

Una tercera opción, que usaremos en muchos ejemplos de este libro, es mostrar mensajes usando la consola del navegador.

```
1    <!DOCTYPE html>
2    <html>
3      <head>
4        <title>¡Hola mundo!</title>
5        <meta charset="UTF-8">
6      </head>
7      <body>
8        <script type="text/javascript">
9          console.log("Hola mundo")
10       </script>
11     </body>
12   </html>
```

Ejemplo 4.3. 'Hola mundo' usando la consola web.

Los mensajes que se escriban en la consola no se muestran en la página, así que los usuarios que no la tengan activada no verán ningún mensaje. Es bastante más práctico que las alertas para hacer pequeñas pruebas. Para visualizar la consola web, hay que activarla en el navegador. En Firefox hay que ir al menú de herramientas, *Más herramientas -> Herramientas para desarrolladores* o pulsar Control + Mayúsculas + I.

En la siguiente imagen podemos ver la consola web abierta

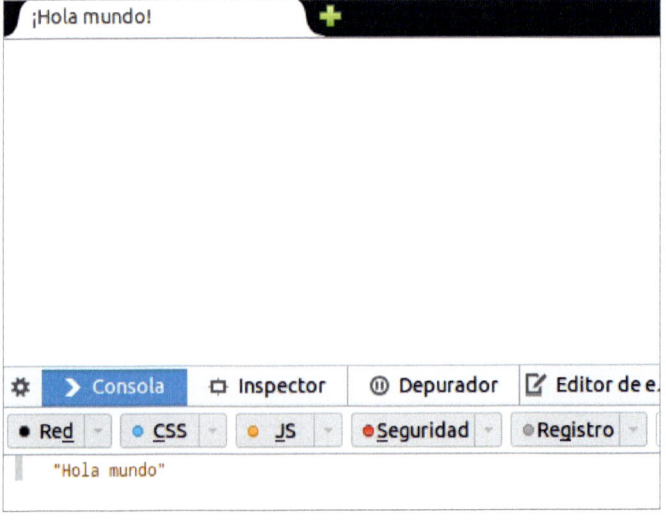

Ilustración 4.3. El mensaje se muestra en la consola web.

con el mensaje 'Hola mundo'. Dentro de la página no se ve nada porque no hay nada dentro del elemento *body*, salvo el elemento *script*.

Ficheros externos

En los ejemplos anteriores el código JavaScript está dentro del fichero HTML. Esto suele hacer en pequeños ejemplos o en prototipos. En producción lo normal es que los *scripts* de la página se organicen en varios ficheros externos (con extensión .js) que se asocian a la página usando el elemento *script*. Si transformamos el ejemplo 4.3 para poner el código JavaScript en un fichero externo, el fichero HTML será:

```
1   <!DOCTYPE html>
2   <html>
3     <head>
4       <title>¡Hola mundo!</title>
5       <meta charset="UTF-8">
6       <script src="ejemplo4_05.js"type="text/javascript"></script>
7     </head>
8     <body></body>
9   </html>
```

Ejemplo 4.4. Incluir JavaScript con un fichero externo.

El fichero externo, ejemplo4_05.js, contendrá solo una línea:

```
console.log("Hola mundo")
```

Ejemplo 4.5. Fichero .js con solo una instrucción.

El resultado en el navegador es el mismo que en el ejemplo anterior, se puede observar en la ilustración 4.3.

4.2.1. Variables y tipos de datos

Las variables se usan para almacenar datos. Todas las variables tienen un nombre o identificador. En JavaScript, a partir de la versión ECMAScript6, la opción recomendada para declarar variables es usar la palabra reservada *let*. En versiones anteriores se utilizaba la palabra reservada *var*, que sigue disponible aunque con diferencias respecto a *let* que se tratan en el apartado 4.3.2. Para declarar constantes, variables cuyo valor no se modifica después de la incialización, se puede usar la palabra reservada *const*.

Para declara una variable, se usa la palabra reservada *let* seguida por el nombre de la variable:

```
let numIntentos;
```

Es posible dar un valor inicial a las variables en el momento de declararlas.

```
let numJugadores = 0;
```

El operador '=' representa asignación. La instrucción anterior quiere decir 'crear una variable llamada numJugadores y asignarle el valor 0'. Borra el valor anterior de la variable, si lo tiene.

También podemos declarar y/o inicializar varias variables en una sola línea de código separándolas por comas.

```
let numJugadores = 0, edad, maxJugadores = 3;
```

Aunque JavaScript permite usar variables no declaradas, declararlas siempre es una buena práctica que ayuda a reducir el número de errores.

Además de nombre, las variables tienen un tipo de dato. En JavaScript, además de objetos, hay siete tipos de datos básicos o primitivos. Los más importantes son *Number*, para números; *String*, para cadenas de caracteres y *Boolean*, para valores lógicos. Al contrario que en otros muchos lenguajes, no es necesario definir el tipo de dato de una variable al declararla, sino que se deduce del valor que toma. Además, el tipo de dato puede cambiar a lo largo de la ejecución. Así, una variable inicializada con un 0 será un número, pero si más adelante se le asigna una cadena, su tipo cambiará.

```
let numJugadores = 0;
…
numJugadores = 'uno';
```

Veamos en detalle los tipos de dato:

• Números

  En JavaScript no se diferencia entre números enteros y reales, distinción habitual en muchos lenguajes de programación. Para especificar un literal numérico, podemos usar cualquiera de estas notaciones:

```
let num1 = 2;
let num2 = 3.5;
let num3 = 3.2e5;
```

Si en lugar de base decimal queremos usar octal o hexadecimal, usaremos los prefijos '0' y '0x', respectivamente. Esto implica que, al usar un número en base decimal, no se pueden poner ceros a la izquierda.

```
let enOctal = 077;
let enHexadecimal= 0xa3;
```

El carácter punto y coma (';') sirve para marcar el final de una instrucción. Se puede omitir si tras la instrucción viene un salto de carro. Por ejemplo, estas dos líneas de código:

```
let num1 = 0;
let num2 = 2;
```

son equivalentes a estas dos:

```
let num1 = 0
let num2 = 2
```

Además, hay valores especiales para las variables numéricas:

— *Infinity* y *-Infinity*. Una variable numérica toma estos valores cuando rebasa el máximo admitido (*Infinity*) o cuando bajan del valor mínimo (*-Infinity*). También son el resultado de dividir un número, positivo o negativo, por 0.

— *NaN*. *NaN* es un acrónimo para 'Not a number', es decir 'No (es) un número'. Se obtiene al realizar operaciones matemáticas cuyo resultado no está definido, como el cociente 0/0 o la potencia de 0 elevado a la 0.

En el apartado 4.2.2 veremos algunos ejemplos.

- Cadenas

  Las cadenas (*String*) almacenan uno o más caracteres. Las cadenas se escriben entre comillas simples o dobles.

  ```
  let cad1 = 'Hola';
  let cad2 = "Adiós";
  ```

  La posibilidad de usar los dos tipos de comillas es muy útil cuando queremos escribir una cadena que contenga comillas.

  ```
  let cad3= "Las comillas alrededor de 'casa' se mostrarán sin
  problemas"
  ```

  En el apartado 4.3 trataremos las cadenas de texto en profundidad.

- Variables lógicas

  Las variables lógicas solo pueden tomar los valores *true* (verdadero) y *false* (falso). Se conocen también como variables booleanas y su uso es muy frecuente.

  ```
  let numeroPar = true;
  let numeroPositivo = false;
  ```

- Tipos *Undefined* y *Null*

  El tipo de dato *Undefined* solo tiene un valor posible, *undefined.* Cuando se crea una variable sin asignarle valor, su valor es *undefined* (no definido).

  El tipo de dato *Null* solo tiene un valor posible, *null.* Con *null* se puede indicar que la variable está vacía.

  Distinguir en entre ambos puede ser un poco complicado, pero iremos viendo ejemplos de su uso a lo largo del libro.

4.2.2. Operadores

En este apartado veremos algunos de los muchos operadores de JavaScript.

Operadores aritméticos

Los operadores aritméticos se ocupan de realizar operaciones matemáticas. La tabla 4.1 resume los operadores aritméticos disponibles.

Tabla 4.1. Operadores aritméticos

Operador	Descripción	Ejemplo de uso
+	Suma	c = a + b;
−	Resta	c = a − b;
*	Multiplicación	c = a * b;
/	División	c = a / b;
%	Módulo (resto)	c = a % b;

El siguiente ejemplo demuestra el uso de los operadores aritméticos.

```
1    <!DOCTYPE html>
2    <html>
3      <head>
4        <title>Operadores aritméticos en JavaScript</title>
5        <meta charset="UTF-8">
6      </head>
7      <body>
8          <script type="text/javascript">
9          let num1, num2 = null, resul = 0;
10         console.log(num1);
11         console.log(num2);
12         resul = num1 + num2;
13         console.log(resul);
14         resul = Number.MAX_VALUE;
15         console.log(resul);
16         console.log(resul * 2);
17         num1 = 10;
18         num2 = 3;
19         resul = num1 + num2;
20         console.log(resul);
21         resul = num1 - num2;
22         console.log(resul);
23         resul = num1 * num2;
24         console.log(resul);
25         resul = num1 / num2;
26         console.log(resul);
27         resul = num1 % num2;
28         console.log(resul);
29         </script>
30     </body>
31    </html>
```

Ejemplo 4.6. Operadores aritméticos.

Explicación del ejemplo:

- En la línea 9 se definen las tres variables que se usan durante el programa. La variable *num1* no se inicializa, *num2* se inicializa a *null* y *resul* a 0.

- En las líneas 10 y 11 se imprimen las variables *num1* y *num2* para ver la diferencia entre una variable no definida y una con valor *null*.

- En la línea 12 se suman *num1* y *num2*. Como no tienen valores válidos, el resultado será *Nan*. Se imprime en la línea 13.

- En la línea 14 se almacena en *resul* el mayor valor admitido por JavaScript (para el menor se puede usar *Number.MIN_VALUE*).

- En la línea 16 se multiplica *resul* por 2 y se muestra el resultado. Este resultado no se almacena, porque no hay asignación. Como el resultado es el doble del máximo admitido, la multiplicación devuelve *Infinity*.

- A partir de ahí, el programa realiza una serie de operaciones aritméticas cuyo resultado almacena en *resul* además de mostrarlo por la consola.

- En la línea 27 se encuentra el operador módulo. Este operador devuelve el resto de la división entera entre *num1* y *num2*. Como los valores son 10 y 3, el resto de la división es 1.

A continuación, la salida completa del programa por la consola del navegador:

```
Undefined
null
NaN
1.7976931348623157e+308
Infinity
13
7
30
3.3333333333333335

1
```

Operadores de asignación

Ahora que conocemos los operadores aritméticos, podemos ver otros operadores que combinan la asignación con otra operación (aritmética o lógica) como método abreviado. La tabla 4.2. Recoge solo los más habituales.

Tabla 4.2. Operadores de asignación

Operador	Ejemplo	Expresión equivalente
+ =	x + = 5	x = x + 5
- =	x - = 5	x = x - 5
*=	x * = 5	x = x * 5
/=	x / = 5	x = x / 5
% =	x % = 5	x = x % 5

Operadores relacionales

Los operadores relacionales realizan comparaciones entre sus operandos. Se usan habitualmente dentro de expresiones condicionales.

Tabla 4.3. Operadores relacionales

Operador	Descripción	Ejemplo de uso
<	Menor que	a < b
>	Mayor que	a > b
< =	Menor o igual que	a < = b
> =	Mayor o igual que	a > = b
= =	Igual	a = = b
! =	Diferente	a ! = b
= = =	Igual (también en tipo de dato)	a = = = b
! = =	Diferente (en valor o tipo de dato)	a ! = = b

Todos estos operadores se evalúan a verdadero o falso. En la tabla los operadores compuestos por más de un símbolo (> =) se han escrito con espacio entre ambos para que se vean mejor, pero en los programas deben escribirse seguidos, sin espacios.

El operador '= = =' no es habitual en los lenguajes de programación. Se diferencia de '= =' en que, además del valor, comprueba el tipo de dato. Es decir, las dos variables que se comparan no solo tienen que tener el mismo valor (después de conversiones), sino que deben tener el mismo tipo de dato. Este operador existe porque algunas de las conversiones automáticas entre tipos de datos en JavaScript pueden ser poco intuitivas. Lo mismo se puede decir del operador '! = ='.

Veamos un ejemplo sobre operadores relacionales:

```
1    <!DOCTYPE html>
2    <html>
3      <head>
4        <title>Operadores relacionales en JavaScript</title>
5        <meta charset="UTF-8">
6      </head>
7      <body>
8        <script type="text/javascript">
9          let resul, num1=4, num2=0, cad='4';
10          resul = num1 > num2;
11          console.log(resul);
12          resul = num1 < num2;
13          console.log(resul);
14          resul = num1 >= num2;
15          console.log(resul);
16          resul = num1 <= num2;
17          console.log(resul);
18          resul = num1 == num2;
19          console.log(resul);
20          resul = num1 == num2;
21          console.log(resul);
22          resul = num1 == cad;
23          console.log(resul);
24          resul = num1 === cad;
25          console.log(resul);
26        </script>
27      </body>
28    </html>
```

Ejemplo 4.7. Operadores relacionales en JavaScript.

Conviene hacer algunos comentarios sobre el ejemplo 4.7:

- En la línea 9 se declaran cuatro variables. La última, *cad*, se inicializa a una cadena de texto que solo contiene el carácter 4.

- En la línea 10, se realiza la comparación entre *num1* y *num2,* y el resultado se almacena en *resul*. Como *num1* tiene un 4 y *num2* un 0, se cumple que *num1* es mayor que *num2* y, por tanto, la expresión 'num1 > num2' se evalúa a *true* (verdadero). Por tanto, en *resul* se almacena el valor *true*, como se puede comprobar con la línea 11, que imprime el resultado.

- En la 22 se comparan *num1*, una variable numérica que almacena un 4, y *cad*, una cadena de caracteres que solo almacena un carácter, el '4'. Para ver si son iguales se usa el operador '= ='. Cuando se realiza una comparación entre diferentes tipos de datos JavaScript realiza una conversión (*casting*) automática de tipos. En este caso, JavaScript convierte los datos y encuentra que tienen el mismo valor, así que la comparación devuelve verdadero.

- En la línea 24 se comparan de nuevo las mismas variables, pero usando el operador '= = ='. Con este operador además de los valores se comparan los tipos de datos. Como una variable es numérica y la otra una cadena, devuelve falso.

La salida del ejemplo en la consola del navegador es:

```
true
false
true
false
false
false
true
false
```

Operadores lógicos

Los operadores lógicos actúan sobre valores lógicos y sirven para escribir expresiones complejas.

Tabla 4.4. Operadores lógicos

Operador	Descripción	Ejemplo de uso
&&	Operador Y (AND). Verdadero si los dos operandos son verdaderos, falso en otro caso	var1 && var2
||	Operador O (OR). Verdadero si al menos uno de los dos operandos es verdaderos, falso en otro caso	var1 || var2
!	Negación (NOT). Niega la variable. Si es verdadera, se evalúa a falso y viceversa	!var1
&	AND bit a bit	var1 & var2
|	OR bit a bit	var1 | var2
~	Negación bit a bit	~var1
^	O exclusivo (XOR) bit a bit	var1 ^ var2

En el siguiente ejemplo se prueban los operadores de la tabla 4.4 a partir de dos variables lógicas, *var1* y *var2*, cuyo valor se va alterando a lo largo del programa.

```
1     <!DOCTYPE html>
2     <html>
3       <head>
4         <title>Operadores relacionales en JavaScript</title>
5         <meta charset="UTF-8">
6       </head>
7       <body>
8         <script type="text/javascript">
9           let resul, var1=true, var2;
10          resul = var1 && var2;
11          console.log(resul);
12          var2 = false;
13          resul = var1 && var2;
14          console.log(resul);
15          var2 = true;
16          resul = var1 && var2;
17          console.log(resul);
18          resul = var1 || var2;
19          console.log(resul);
20          var1 = false;
21          resul = var1 || var2;
22          console.log(resul);
23          var2 = false;
24          resul = var1 || var2;
25          console.log(resul);
26          var1 = !var1;
27          console.log(resul);
28          resul = !(var1 || var2);
29          console.log(resul);
30        </script>
31      </body>
32    </html>
```

Ejemplo 4.8. Operadores lógicos.

Veamos detalladamente lo que hace este programa:

- En la línea 9 se declaran 3 variables. Dos se dejan sin valor y una, *var1*, se inicializa con el valor *true*, por lo que será una variable lógica.

- En la línea 10, se evalúa un Y lógico entre *var1* y *var2*. Como *var2* no está definida, la expresión devuelve *undefined*. Este valor se almacena en *resul* y se imprime por consola.

- En la línea 12 se inicializa *var2* como *false*, y en la 13 se vuelve a evaluar el Y. Como solo una de las dos variables es verdadera, el Y se evalúa a falso. El resultado se muestra en la línea 14.

- En la 15, se cambia el valor de *var2* por *true* y se vuelve a hacer el Y. Como las dos variables son verdaderas, el Y se evalúa a verdadero. La línea 15 imprime el resultado por la consola

- En la línea 18 se evalúa un O lógico entre *var 1* y *var2*. Como los dos son verdaderos, el resultado es verdadero. Se muestra en la línea 19.

- En la línea 20, se asigna a *var1* el valor de *false*. En la 21 se vuelve a evaluar el O. Como una de las dos variables es verdadera, el resultado es verdadero.

- En la línea 23 se asigna también a *var2* el valor de *false*. En la 22 se vuelve a evaluar el O, pero como ahora las dos variables son falsas, el resultado es falso.

- La línea 26 es interesante. Antes de la asignación, se evalúa la expresión de la izquierda del igual, que es la negación de *var1*. Como *var1* es *false*, !*var1* es verdadero. Este verdadero se almacena en *var1*.

- Para acabar, en la línea 28 hay una expresión más compleja. Primero se evalúa el O que está dentro de los paréntesis y luego se niega ese resultado. Como *var1* es verdadero, el O se evalúa también a verdadero. En *resul* se almacena el contrario del resultado, *false*. La línea 29 imprime el resultado por la consola.

Operadores de incremento y decremento

Los operadores '++' y '--' suman y restan uno a la variable a la que se aplican. En concreto, las siguientes líneas

```
let num1 = 0, num2 = 0;
num1 = num1 + 1;
num2 = num2 - 1;
```

son equivalentes a:

```
let num1 = 0, num2 = 0;
num1++;
num2--;
```

El comportamiento de los operadores varía según se sitúen a la derecha o a la izquierda de la variable. Lo mejor es verlo con un ejemplo:

```
1    <!DOCTYPE html>
2    <html>
3      <head>
4        <title>Operadores de incremento y decremento</title>
5      </head>
6      <body>
7        <script type="text/javascript">
8            let num1 = 0, num2 = 0;
9            num1++;
10           console.log(num1);
11           num2--;
12           console.log(num2);
13           num1 = 0;
14           num2 = ++num1;
15           console.log(num2);
16           num1 = 0;
17           num2 = num1++;
18           console.log(num2);
19           console.log(num1);
20        </script>
21      </body>
22    </html>
```

Ejemplo 4.9. Operadores de incremento y decremento.

La salida de este ejemplo será:

```
1
-1
1
0
1
```

Veamos paso a paso el funcionamiento del programa:

- En la línea 8 se definen dos variables y se inicializan a 0.

- En línea 9 se incrementa el valor de *num1* y se muestra la variable en la 10. Es la primera línea de la salida.

- En la línea 11 se decrementa el valor de *num2*, que pasa a valer -1. Se muestra en la 12, la segunda línea de la salida.

- En la línea 13 se vuelve a poner *num1* a 0. En la línea 14 se realiza una operación de incremento y una asignación. Como el operador de incremento ('++') aparece a la izquierda de la variable, se produce antes de la asignación. Esto quiere decir que en *num2* se almacena un 1. Se imprime en la línea 15, la tercera línea de la salida. El valor de *num1* también es 1, porque se incrementó antes de la asignación.

- En la línea 16 se vuelve a poner un 0 en *num1*.

- En la línea 17 vemos el típico ejemplo lioso de los operadores de incremento. Como el operador está a la derecha la asignación se produce antes que el incremento. Es decir, primero se almacena el *num1* (que tiene un 0) en *num2*, y luego se incrementa *num1* en uno.

- En la líneas 18 y 19 se imprimen los valores de *num2* y *num1*, por este orden. Podemos comprobar en las dos últimas líneas de la salida que *num2* almacena un 0 y que *num1* almacena un 1.

Estos operadores existen en Java, C/C++ y otros muchos lenguajes, pero lo cierto es que hay que usarlos con precaución. Su funcionamiento puede ser difícil de entender y es posible que causen errores difíciles de encontrar. De hecho, hay muchos programadores que recomiendan no usarlos en absoluto. Un buen consejo es no usarlos dentro de expresiones más complejas, que es donde resultan más liosos. Es decir, en lugar de

```
console.log(++i) ;
```

es mejor escribir:

```
i++;
console.log(i) ;
```

Precedencia de operadores

El orden en que se evalúan los operadores viene determinado por su precedencia. Los operadores con una precedencia menor se evalúan primero. Por ejemplo, la expresión

```
a = 2 + 3 * 4;
```

se evalúa a 14. La multiplicación tiene menor precedencia que la suma y, por tanto, se realiza primero. Si queremos que la suma se evalúe primero y su resultado se multiplique por 4, hay que usar paréntesis:

```
a = (2 + 3) * 4;
```

Los paréntesis son el operador de agrupamiento, que es el de menor precedencia y, por tanto, el primero en evaluarse. Es habitual usarlos en expresiones complejas para alterar el orden en que se evalúan los operadores. Pueden anidarse tanto como sea necesario, pero hay que tener cuidado en abrirlos y cerrarlos en el orden correcto, una fuente habitual de errores entre los programadores principiantes. La siguiente expresión se evalúa a 105.

```
a = ((2 + 3) * 4) + 1) * 5;
```

La tabla 4.5 muestra la precedencia solo para los operadores que hemos visto hasta ahora, por eso hay algunos huecos en el orden de precedencia. Para decidir el orden entre operadores de la misma precedencia se usa la asociatividad del operador. Puede ser de izquierda a derecha, o de derecha a izquierda.

Tabla 4.5. Precedencia de operadores

Precedencia	Operadores	Asociatividad
0	Operador de agrupamiento (…)	No tiene
3	Incremento (++) y decremento (--)	No tienen
4	Negación (!)	Derecha a izquierda
5	Multiplicación (*), división (/), módulo (%)	Izquierda a derecha
6	Suma (+), resta (-)	Izquierda a derecha
8	Relacionales (>, <, >=,<=)	Izquierda a derecha
9	Igualdad (==, !=, ===, !==)	Izquierda a derecha
13	Y lógico (&&)	Izquierda a derecha
14	O lógico (||)	Izquierda a derecha
17	Asignación (=)	Derecha a izquierda

4.2.3. Objetos

Ya se ha comentado previamente que JavaScript es un lenguaje orientado a objetos. De hecho, ya hemos utilizado varios objetos a lo largo del capítulo (*document* en el ejemplo 4.1, *Number* en el 4.6, y *console* en varios).

JavaScript se diferencia de lenguajes como Java o C++ en que no es necesario definir clases. Los objetos en JavaScript se definen como una colección de propiedades y se crean a partir de prototipos. Una vez creados es posible añadir y eliminar propiedades dinámicamente. Se dice que es un lenguaje orientado a prototipos o basado en prototipos.

JavaScript tiene una serie de objetos predefinidos. Por ejemplo, el objeto *Math* tiene una serie de métodos para realizar cálculos matemáticos. También hay objetos relacionados con los tipos de datos primitivos como *String*, que tiene métodos para manipular cadenas de texto que veremos en el apartado 4.4, *Number* y *Boolean*. Otros permiten usar tipos de datos más complejos como *Date* para fechas y *Array* para vectores y matrices. A lo largo del capítulo aprenderemos a usar estos objetos y algunos más.

Por supuesto, también podemos definir nuestros propios objetos. Aprenderemos a hacerlo en el apartado 4.7.

4.2.4. Sentencias. Anidamiento

Como venimos viendo, los programas están formados por instrucciones, también llamadas *sentencias*. Algunas sentencias (las estructuras de control que vimos en el capítulo anterior) sirven para controlar el flujo del programa y dentro de ellas se anidan otras instrucciones.

4.2.5. Estructuras de control y condicionales

Las estructuras de control básicas son: bloques o secuencias, estructuras de selección o condicionales y de repetición o bucles. Los bloques sirven para agrupar varias instrucciones. En Javascript esto se hace poniendo las instrucciones que queremos incluir en la secuencia entre llaves { ... }.

Las estructuras de selección permiten ejecutar o no un bloque de instrucciones en función de una condición. En JavaScript existen las estructuras condicionales *if*, *if-else* y *switch*.

La estructura condicional *if* no difiere del resto de los lenguajes de programación. Si la condición especificada entre paréntesis es verdadera, se ejecuta el bloque de instrucciones asociado.

```
if (condicion){
        instrucciones;
}
```

Si solo queremos ejecutar una instrucción, no hace falta usar las llaves.

```
if (condicion)
        instrucción;
```

Se puede añadir una cláusula *else* con las instrucciones que se ejecutarán si la condición del *if* no se cumple.

```
if (condicion){
        instrucciones_verdadera;
} else {
        instrucciones_falsa;
}
```

También nos podemos ahorrar los paréntesis si solo hay una instrucción.

```
if (condición)
        instruccion_verdadera;
else
        instruccion_falsa;
```

En JavaScript no hay estructuras *elsif* como en otros lenguajes, pero podemos anidar un *if* dentro de un *else* o de otro *if*. De cualquier manera, anidar varias condiciones hace que el código sea confuso y no es muy recomendable.

Veamos ahora un ejemplo concreto que prueba estas variantes. Como los ejemplos comienzan a complicarse, incluye comentarios, que se explican en detalle en el apartado 4.2.7.

```
1    <!DOCTYPE html>
2    <html>
3      <head>
4        <title>Estructuras condicionales</title>
```

```
5        <meta charset="UTF-8">
6      </head>
7      <body>
8        <script type="text/javascript">
9        let num1 = 5, num2 = 3, num3 = 2;
10       if  (num1 > num2) { //si num1 mayor que num2
11         console.log('El mayor es num1');
12       }
13       // si num1 > num2
14       if  (num2 > num1) console.log('El mayor es num2');
15       if  (num2 > num1) { //si num2 > num1
16         console.log('El mayor es num2');
17       }else{   //en otro caso
18          console.log('El mayor es num1');
19         }
20       //if anidados
21       if(num1 > num2){
22         if( num1 > num3){
23           console.log('num1 es el mayor de los tres');
24         }else{
25           console.log('num1 está entre num2 y num3');
26           }
27       }else{
28         if( num2 > num3){
29           console.log('num2 es mayor o igual que los otros');
30         }else{
31           console.log('num2 está entre num1 y num3');
32         }
33       }
34       </script>
35     </body>
36   </html>
```

Ejemplo 4.10. Estructuras condicionales.

La salida de este programa será:

```
El mayor es num1

El mayor es num1

num1 es el mayor de los tres
```

Explicación del ejemplo:

- En la línea 9 se declaran e inicializan tres variables.

- En la línea 10 hay un *if* sencillo. Como *num1* contiene un 5 y *num2* un 3 la condición es verdadera y se ejecuta la instrucción. Es la primera línea de la salida.

- En la línea 14 tenemos otro *if*. En este caso, la instrucción asociada va sin llaves y además en la misma línea. Como la condición no se cumple, la instrucción no se ejecuta.

- En la línea 15 comienza una estructura *if-else*. Como la condición del *if* no se cumple, se ejecutará la instrucción que está dentro del *else*. Es la segunda línea de la salida.

- En la línea 20 comienza una estructura condicional anidada. Es un *if-else* que contiene una estructura *if-else* dentro del *if* y otra dentro del *else*. Tal y como están inicializadas las variables, se cumple la condición del *if* externo y también la del *if* anidado. Se puede comprobar con la tercera línea de la salida.

Condiciones complejas

Es posible usar condiciones lógicas complejas uniendo varias con los operadores lógicos que vimos en la sección 4.2.2.

```
1    <!DOCTYPE html>
2    <html>
3      <head>
4        <title>Condiciones complejas</title>
5        <meta charset="UTF-8">
6      </head>
7      <body>
8        <script type="text/javascript">
9          let var1 = false, var2 = true, var3 = false;
10         if (var1 && var2){
11             console.log("Los dos verdad");
12         }
13         if (var1 || var2){
14             console.log("Al menos uno de los dos verdad");
15         }
16         if(!var3){
17             console.log("La tercera es falsa");
```

```
18              }
19              if(!var3 && !var1){
20                      console.log("Las dos variables son falsas");
21              }
22              if(!var3 && (var1 || var2)){
23                      console.log("Condición un poco liosa");
24              }
25          </script>
26       </body>
27    </html>
```

Ejemplo 4.11. Condiciones complejas.

La salida de este programa será:

```
Al menos uno de los dos verdad

La tercera es falsa

Las dos variables son falsas

Condición un poco liosa
```

Analicemos cada uno de los *if* por separado:

- El primer *if* no se cumple porque *var1* se inicializó a falso. En JavaScript los operadores && y || son cortocircuitados. Esto significa que, al evaluar la primera condición (*var1*) a falso, no evalúa el resto de condiciones, porque el operador && solo se evalúa a verdadero si todas son verdaderas. Con el operador || ocurre lo contrario: en cuanto se encuentra una condición verdadera, el O se evalúa a verdadero sin comprobar el resto de las condiciones.

- El *if* de la línea 13 sí se cumple, porque al menos una de las variables es verdadera. Se corresponde con la primera línea de la salida.

- En el *if* de la línea 16 se usa una variable negada. Como la variable tiene el valor *false*, su valor negado es *true* y, por tanto, la condición se cumple. Es la segunda línea de la salida.

- En el *if* de la línea 19 hay un Y de dos variables negadas. Las negaciones se producen antes de evaluar el operador &&. Como las dos tienen el valor *false*, su negación es *true* y, por tanto, los dos operandos del Y son verdaderos. La condición se cumple y se muestra la tercera línea de la salida.

- En la línea 22 hay una condición un poco más larga. Se usan paréntesis para especificar el orden en que queremos que se evalúen los operadores. El Y será lo último en evaluarse. La negación y el O entre paréntesis van primero. El O del paréntesis se evalúa a verdadero, porque una de las variables es verdadera. La variable *var3* negada también es verdadera. Por tanto, el Y se cumple. Se corresponde con la última línea de la salida.

- Si no hubiera paréntesis, el Y se realizaría antes que el O. Es importante revisar la precedencia de los operadores cuando usemos expresiones complejas y usar paréntesis cuando sea necesario. En este caso, también se cumpliría la condición.

Estructura condicional *switch*

La estructura condicional *switch* permite agrupar múltiples sentencias condicionales. Por ejemplo, en lugar de:

```
if(a==1){
    document.write('Es un 1');
}else if(a==2){
    document.write('Es un 2');
}else if(a==3){
    document.write('Es un 3');
}else{
    document.write('No es ni 1, ni 2, ni 3');
}
```

Se puede escribir:

```
switch(a){
    case 1:
        document.write('Es un 1');
        break;
    case 2:
        document.write('Es un 2');
        break;
    case 3:
        document.write('Es un 3');
        break;
    default:
        document.write('No es ni 1, ni 2, ni 3');
}
```

La sección *default* se ejecuta si no se ha cumplido la condición de ninguno de los *case* del *switch*. No es obligatoria.

Se puede observar que al final de cada *case* aparece la sentencia *break*. Sirve para salir del *switch*, de manera que no ejecuten las instrucciones que aparezcan en los otros *case*. Si no aparece, se ejecutan todas las instrucciones por debajo del primer *case* que se evalúe como verdadero, sin comprobar las condiciones correspondientes. Esto también incluye al *default*. Se puede comprobar en el siguiente ejemplo:

```
1    <!DOCTYPE html>
2    <html>
3      <head>
4        <title>Estructuras switch</title>
5        <meta charset="UTF-8">
6      </head>
7      <body>
8        <script type="text/javascript">
9          let num1 = 1, cad='gato';
10         switch(num1){
11            case 1:
12              console.log('Es un 1');
13            case 2:
14              console.log('Es un 2');
15            default:
16              console.log('Es otro número');
17         }
18         switch(cad){
19            case 'verde':
20              console.log('Es un color');
21              break;
22            case 'perro':
23            case 'gato':
24              console.log('Es un animal');
25              break;
26            default:
27              console.log('No sé qué es');
28         }
29       </script>
30      </body>
31    </html>
```

Ejemplo 4.12. Estructura *switch*.

La salida será:

```
Es un 1
Es un 2
Es otro número
Es un animal
```

Explicación:

- El primer *switch* se hace sobre la variable *num1*. Como vale 1, se cumple el primer *case*. Imprime 'Es un uno' y, como no hay *break*, continúa ejecutando el resto de *case* y el *default*. Se corresponde con las tres primeras líneas de la salida.

- El segundo *switch* se hace sobre una variable de tipo cadena. En la línea 22 se puede ver un *case* inmediatamente seguido de otro, en la 23. Esto se hace para asociar un mismo conjunto de instrucciones a dos valores de la variable del *switch*.

- Como el valor de *cad* es 'gato' se ejecuta la instrucción del segundo *case* (la tercera línea de la salida). En este caso sí hay un *break*, así que no se ejecuta la instrucción del *default*.

4.2.6. Bucles

Los bucles son estructuras de repetición. Las instrucciones situadas dentro del bucle se repiten un cierto número de veces o mientras se cumpla cierta condición. En JavaScript tenemos los habituales bucles *for*, *while* y *do-while*.

Bucle *while*

El bucle *while* (mientras) se ejecuta mientras se cumpla una condición. La estructura general de un *while* es:

```
while (condición){
   instrucciones;
}
```

Veamos un ejemplo concreto. El siguiente fragmento de código muestra los números del 0 al 4:

```
let num1 = 0;
while ( num1 < 5 ){
        console.log(num1);
        num1++;
}
```

Ejemplo 4.13. Bucle *while*.

La salida sería:

```
0
1
2
3
4
```

La variable *num1* empieza valiendo 0. Cuando el programa llega al bucle, la condición se cumple y por tanto:

- se muestra *num1* por pantalla (un 0, la primera línea),

- se incrementa la variable *num1* en 1 (pasa a valer 1).

Al acabar con las instrucciones del bucle, se comprueba de nuevo la condición. Como *num1* tiene un 1 se sigue cumpliendo, así que las instrucciones del bucle se vuelven a ejecutar: se imprime un 1, y *num1* pasa a valer 2. El proceso se repite con los valores de 2, 3 y 4 en *num1*. Cuando *num1* vale 5, ya no se cumple la condición y, por tanto, el bucle finaliza. La ejecución del programa continúa con las instrucciones que estén después del bucle.

Bucle *do-while*

El bucle *do-while* (haz mientras) es muy parecido al anterior. La diferencia está en que la condición se evalúa al final del bucle en lugar de al principio. Esto hace que este bucle se ejecute por lo menos una vez, como se puede ver en el ejemplo 4.15. La estructura general es:

```
do {
   instrucciones;
} while (condición);
```

Este bucle es equivalente al del ejemplo 4.12 y tiene la misma salida.

```
let num1 = 0;
do {
    console.log(num1);
    num1++;
}while (num1 < 5);
```

Ejemplo 4.14. Bucle *do-while*.

Ahora vamos a ver un ejemplo que muestra la diferencia entre *while* y *do-while*.

```
1    <!DOCTYPE html>
2    <html>
3      <head>
4        <title>Diferencia entre while y do-while</title>
5        <meta charset="UTF-8">
6      </head>
7      <body>
8        <script type="text/javascript">
9             let i=5;
10            console.log('Salida while');
11            while (i < 5) {
12                    console.log(i);
13            }
14            console.log('Salida do-while');
15            do {
16                    console.log(i);
17            }while (i < 5)
18      </script>
19    </body>
20 </html>
```

Ejemplo 4.15. Diferencia entre *while* y *do-while*.

La salida de este ejemplo será:

```
Salida while
Salida do-while
5
```

Salida del ejemplo 4.14.

El *while* no se ejecuta ninguna vez, porque la condición no se cumple desde el principio. En cambio el *do-while* se ejecuta una vez, ya que la comprobación se hace al final de la iteración. Es la tercera línea de la salida.

Bucle *for*

El bucle *for* tiene una sintaxis algo más compleja que los anteriores, similar a la de lenguajes como Java y C. Hay que definir la condición de permanencia en el bucle y las instrucciones de inicialización e incremento. La estructura general se puede escribir así:

```
for(instrucciones inicialización; condición; instrucciones incremento){
  instrucciones
}
```

Es mejor verlo con un ejemplo concreto. Tiene la misma salida que los bucles de los ejemplos 4.12 y 4.13.

```
for(let  i = 0; i < 5; i++){
      console.log(i);
  }
```

Ejemplo 4.16. Bucle *for.*

Como se puede observar, dentro de los paréntesis del *for* hay tres espacios separados por punto y coma (;). Veamos qué función tiene cada uno:

*   Inicialización: las instrucciones que aparezcan del primer punto y coma solo se ejecutan una vez, antes de la primera iteración del bucle. Es posible poner más de una, separándolas por comas. En el ejemplo 4.14 se declara e inicializa una variable.

*   Condición: antes de cada iteración del bucle se comprueba esta condición. Si se cumple, se realizan las instrucciones. Si no se cumple, se sale del bucle.

*   Incremento: estas instrucciones se ejecutan después de cada iteración del bucle. Suele consistir en una única instrucción para incrementar la variable del bucle.

También es habitual hacer que la variable del bucle sea decreciente en lugar de creciente.

```
for(let  i = 5; i  > 0;  i--){
      console.log(i);
  }
```

Ejemplo 4.17. Bucle *for* decreciente.

La salida de este bucle será:

```
5
4
3
2
1
```

Salida del ejemplo 4.17.

Es fácil ver cómo construir un bucle *while* a partir de un *for* y viceversa. El bucle *for*

```
for(instrucciones inicialización; condición; instrucciones incremento){
   instrucciones
}
```

se convierte en

```
instrucciones inicialización;
while(condición){
   instrucciones;
   instrucciones incremento;
}
```

Bucle *for-in*

El bucle *for-in* es diferente a los anteriores. Se usa para recorrer las propiedades de un objeto.

```
for <variable> in <objeto>{
      <instrucciones>
}
```

Podemos recorrer las propiedades del objeto *document* con el siguiente bucle:

```
for(i in document){
  console.log(i);
}
```

Ejemplo 4.18. Bucle *for-in*.

La salida es enorme. Las primeras líneas son:

```
location
getElementsByName
getItems
open
...
```

Sentencias *break* y *continue*

En JavaScript también están disponibles las sentencias *break* y *continue*. Ya hemos visto el *break* al explicar el *switch*, y aquí tiene una función parecida. Si se ejecuta un *break*, el bucle actual finaliza. El siguiente bucle muestra de nuevo los números del 0 al 4.

```
let i=0;
while(1){
        console.log(i);
        i++;
        if (i>=5) break;
};
```

Ejemplo 4.19. Bucle *while* con *break*.

En la condición del bucle se ha escrito un 1. JavaScript considera cualquier número diferente de 0 como verdadero, por lo que la condición del bucle se cumple. El programa ejecutaría el bucle continuamente si no fuera porque cuando *i* llega a valer 5 se ejecuta el *break* y el programa sale del bucle.

El uso de *continue* no es tan sencillo de entender como el del *break*, especialmente si aparece en un bucle algo complicado, por lo que es menos habitual. Al llegar a un *continue*, la iteración actual del bucle finaliza. Las instrucciones que estén por debajo del *continue* no se ejecutan. Comienza una nueva iteración siempre que se sigan cumpliendo las condiciones de permanencia en el bucle. Si es un bucle *for*, se ejecutan las instrucciones de incremento.

El siguiente ejemplo muestra la utilidad del *continue.*

```
for(let i = 0;i < 5; i++){
    if (i==3){
        continue;
    }
    console.log(i);
}
```

Ejemplo 4.20. Bucle *for* con *continue*.

La salida será:

```
0
1
2
4
```

El bucle no muestra el número 3 por el *continue*. Cuando *i* vale 3, se ejecuta el *continue*, y la instrucción que está después no se ejecuta. Pero el bucle no ha finalizado, se realiza el incremento de *i,* y, como sigue siendo menor que 5, el bucle se ejecuta una vez más, mostrando el 4.

Bucles anidados

Es posible, incluso habitual, anidar un bucle dentro de otro. El siguiente ejemplo muestra la tabla de multiplicar (una versión reducida) para los números del 1 al 3:

```
1    <!DOCTYPE html>
2    <html>
3      <head>
4        <title>Bucles anidados</title>
5        <meta charset="UTF-8">
6      </head>
7      <body>
8        <script type="text/javascript">
9             for(let i=1; i<4; i++){
10                console.log('Tabla del ' + i);
11                for(let j=1; j<4; j++){
12                    console.log( i +' * '+j +'=' + i*j );
13                }
```

```
14                    }
15            for(let i=1; i<4; i++){
16                    console.log('Tabla del '+i);
17                    for(let j=1; j<4; j++){
18                            console.log( i +' * '+j +'=' + i*j );
19                            if(j==2) break;
20                    }
21            }
22        </script>
23    </body>
24  </html>
```

Ejemplo 4.21. Ejemplo sobre bucles anidados.

Este ejemplo lo analizaremos bucle a bucle. La salida del primero será:

```
Tabla del 1
1 * 1 = 1
1 * 2 = 2
1 * 3 = 3
Tabla del 2
2 * 1 = 2
2 * 2 = 4
2 * 3 = 6
Tabla del 3
3 * 1 = 3
3 * 2 = 6
3 * 3 = 9
```

Salida del primer bucle del ejemplo 4.21.

- El primer bucle anidado empieza en la línea 9. El bucle externo se ejecutará tres veces para los valores de *i* 1, 2 y 3.

- El bucle interno se ejecuta completamente en cada pasada del externo. Es decir, cuando *i* vale 1, el bucle interno se ejecutará tres veces (con valores de *j* 1, 2 y 3). Lo mismo ocurrirá en las otras dos iteraciones del bucle externo.

- En la línea 10 se imprime el texto 'Tabla del ' seguido del valor de *i*. El operador '+' sirve para concatenar cadenas además de para sumar números.

- En la línea 12, dentro del bucle interno, se muestra una multiplicación. Se usa de nuevo el operador de concatenación para mostrar un mensaje más explicativo. Como el bucle interno se repite 3 veces, para cada número *i* se mostrarán tres multiplicaciones.

El segundo bucle anidado empieza en la línea 15. El bucle interno contiene un *break*, por lo que su ejecución acaba antes de que deje de cumplirse su condición. Dentro de un bucle anidado, el *break* solo sale del bucle interior. Solo mostrará las dos primeras multiplicaciones de cada tabla.

```
Tabla del 1
1 * 1 = 1
1 * 2 = 2
Tabla del 2
2 * 1 = 2
2 * 2 = 4
Tabla del 3
3 * 1 = 3
3 * 2 = 6
```

Salida del segundo bucle del ejemplo 4.21.

4.2.7. Comentarios

Los comentarios sirven para explicar el código que vamos escribiendo. El navegador ignora los comentarios a la hora de ejecutar el código JavaScript, así que no afectan al funcionamiento del programa. Su finalidad es documentar el código, de manera que todos los desarrolladores que lo lean puedan entenderlo fácilmente.

Es importante incorporar el hábito de añadir comentarios a nuestros programas. Aunque una función, o trozo de código, sea aparentemente sencilla en el momento de escribirla, puede que no sea fácil de descifrar unos meses después si es necesario ampliarla o modificarla. Además, hay que tener en cuenta que es posible que otras personas accedan al código para modificarlo y agradecerán que esté bien comentado.

En JavaScript hay dos tipos de comentarios:

- Una sola línea. El texto desde '//' hasta el final de la línea es un comentario.

```
var numIntentos;  // variable para los intentos de login
```

- Multilínea. Todo el texto entre '/*' y '*/' es comentario. Puede abarcar varias líneas.

```
/* variables para los datos de nuevo usuario:
edad, nif y nombre */
var edad;
var nif;
var nombre;
/* guardaremos el nif como una cadena */
/* No se pueden anidar comentarios
/* esto causará un error */
*/
```

4.3. Funciones

Como ya se comentó en el capítulo 3, las subrutinas son una pieza fundamental en la programación. JavaScript solo ofrece funciones, no procedimientos, aunque puede haber funciones que no devuelvan ningún valor. De hecho, tampoco diferencia entre funciones y métodos de objetos.

La sintaxis para crear una función es:

```
function NombreFunción(argumentos){

  instrucciones;

}
```

Como en el caso de las variables, es importante elegir un nombre apropiado para las funciones.

En el ejemplo 4.22 se define una función básica.

```
1  <!DOCTYPE html>
2  <html>
3    <head>
4      <title>Función Hola mundo</title>
5      <meta charset="UTF-8">
6    </head>
7    <body>
8      <script type="text/javascript">
9        function HolaMundo(){
```

```
10        console.log('Hola Mundo');
11      }
12      HolaMundo();
13    </script>
14  </body>
15 </html>
```

Ejemplo 4.22. Función básica.

- En la línea 9 se define la función HolaMundo(), que no tiene argumentos. Lo único que hace es mostrar una cadena por la consola.

- En la línea 12 se llama a la función. Hace falta llamarla para que muestre el texto, no basta con definir la función.

La salida por consola de este ejemplo es, efectivamente:

```
Hola Mundo
```

4.3.1. Parámetros

Es habitual que las funciones reciban información para cumplir su cometido. Por ejemplo, vamos a modificar la función anterior para que se muestre por la consola con el mensaje que desee el usuario. Este mensaje será el argumento de la función. Cuando se llame a la función, habrá que pasarle una cadena de texto con el mensaje que se desea mostrar. Se puede pasar una cadena literal o una variable tipo cadena, como se puede ver en este ejemplo:

```
1    <!DOCTYPE html>
2    <html>
3      <head>
4        <title>Función con un argumento</title>
5        <meta charset="UTF-8">
6      </head>
7      <body>
8        <script type="text/javascript">
9          let cad1='Hace buen día', cad2='Es verdad';
10          function MostrarMensaje(mensaje){
11              console.log(mensaje);
```

```
12                    }
13                    MostrarMensaje('Hola');
14                    MostrarMensaje('Buenos días');
15                    MostrarMensaje(cad1);
16                    MostrarMensaje(cad2);
17             </script>
18         </body>
19     </html>
```

Ejemplo 4.23. Paso de parámetros.

La salida será la siguiente:

```
Hola
Buenos días
Hace buen día
Es verdad
```

En el ejemplo anterior podemos señalar:

- No es necesario declarar la variable para mensaje, basta con que aparezca en la lista de argumentos.

- En la línea 9 se declaran dos variables y se inicializan con dos cadenas de caracteres.

- En las líneas 10-12 se define la función MostrarMensaje(), que tiene un argumento llamado *mensaje*.

- En la línea 13 se llama a la función anterior con el argumento 'Hola'. La función se ejecuta, siendo el valor de *mensaje* 'Hola'. Se corresponde con la primera línea de la salida.

- En las líneas 14-16 se llama otras tres veces a la función, cada vez con un valor diferente para el parámetro. En las líneas 15 y 16 se pasan como argumentos las variables declaradas al principio del programa.

Valores de retorno

Además de recibir argumentos, las funciones pueden devolver un resultado. El resultado devuelto se puede usar desde el programa desde el que se llamó a la función.

```
1    <!DOCTYPE html>
2    <html>
3      <head>
4        <title>Función suma</title>
5        <meta charset="UTF-8">
6      </head>
7      <body>
8        <script type="text/javascript">
9          let a = 3, b = 4, r;
10         function Suma(num1, num2){
11           let resul;
12           resul = num1 + num2;
13           return resul;
14         }
15         r = Suma(a, b);
16         console.log(r);
17         console.log(Suma(a, 8));
18       </script>
19     </body>
20   </html>
```

Ejemplo 4.24. Función suma.

- En la línea 10 se define la función suma, que recibe dos números, *num1* y *num2*.

- En la línea 11 declara la variable *resul* (para guardar el resultado de la suma) y en la 12 le asigna la suma de *num1* y *num2*.

- En la línea 13 devuelve la variable *resul*, es decir, la suma.

- En la línea 15 hay una primera llamada a la función. La llamada a la función se realiza antes de la asignación. La función devuelve un 7, y este valor sustituye la llamada a la función dentro de la asignación. Finalmente, se realiza la asignación *r = 7*.

- En la línea 16 se muestra el valor de la variable *r*, la primera línea de la salida.

- En la línea 17 hay otra llamada a la función suma, dentro de *console.log()*. En esta ocasión suma la variable y el número 8. El resultado será 11. Después se ejecuta *console.log(11)*. En este caso, el resultado solo se imprime por la consola, no se almacena en ninguna variable.

La salida del ejemplo es:

```
7
11
```

Paso de argumentos por valor

Si el argumento es un tipo de dato primitivo, se pasa por valor. Esto quiere decir que la función crea sus propias variables locales y copia en ellas el valor de los argumentos. Como consecuencia, los cambios que la función haga en los argumentos no tienen consecuencias en las variables de la función/programa desde que se invocó. El siguiente fragmento de código ilustra esta idea.

```
1    let a=1;
2    function Incrementar(num){
3        num++
4        return num;
5    }
6    Incrementar(a);
7    console.log(a);
8    console.log(Incrementar(a));
9    console.log(a);
10   a=Incrementar(a);
11   console.log(a);
```

Ejemplo 4.25. Función Incrementar.

La salida es:

```
1
2
1
2
```

Interpretación de la salida:

* La variable *a* empieza con valor 1. En la línea 6 se llama a incrementar, pero en la 7 se muestra *a* y sigue valiendo 1. Se debe al paso por valor.

Incrementar crea una variable local *num* en la que guarda el 1 y suma uno a esa variable, pero no afecta a la variable *a*.

- En la línea 8, se muestra el valor de retorno de Incrementar(a) por la consola. Vemos en la segunda línea de la salida que devuelve 2 correctamente y en la siguiente que *a* sigue sin moverse.

- Es posible modificar el valor de *a* si le asignamos el valor de retorno de la función como se hace en la línea 10. En la última línea de la salida se puede comprobar que *a* se ha incrementado finalmente.

- Es importante señalar que todo sería igual si el parámetro de la función se llamara *a* en lugar de *num*.

Funciones anónimas

JavaScript permite declarar funciones anónimas. Son funciones que no están asociadas a un nombre. Es una característica avanzada y puede resultar difícil de utilizar para los principiantes. Afortunadamente, pueden pasar sin dominarlas. Su uso más habitual es para asociar una función a un evento. Por ejemplo, si añadimos este botón a una página web, cuando lo pulsemos se mostrará una alerta.

```
<button onclick='function(){ alert("hola") }'>
```

4.3.1. Variables locales y globales

El ámbito de una variable es el contexto en el que una variable está definida. En JavaScript el ámbito de una variable depende de la manera en que se haya declarado.

Las variables declaradas con *let* están definidas con respecto al bloque. Es decir, solo se pueden usar dentro del bloque en que se declaran. Recordemos que los bloques en JavaScript se definen mediante llaves: { instrucciones del bloque }.

Por ejemplo, en el siguiente ejemplo la variable *i* solo existe dentro del bucle y, al intentar acceder a ella desde fuera, se produce un error.

```
for( let i = 0; i <5; i++){
    console.log(i);
}
console.log(i); // causa error Uncaught ReferenceError: i is not defined
```

El bloque puede ser, entre otros elementos, el cuerpo de un bucle, una sentencia condicional o una función. Si se declara una variable con *let* fuera de cualquier función (y cualquier otro tipo de bloque), se trataría de una variable global. Las variables globales son accesibles desde cualquier punto de nuestro programa, incluso desde dentro de otras funciones.

En el caso de variables declaradas con *var*, que no es lo recomendado, las variable pueden ser locales o globales. Las variables locales están definidas dentro de una función y solo son accesibles dentro de la misma. Solo existen mientras se ejecuta la función, y se crean y destruyen cada vez que se invoca. Si se declara una variable con *var* fuera de una función, será global.

Por otro lado, si se crea una variable sin usar *let* ni *var*, se tratará de una variable global independientemente de donde se declare.

En general, las variables globales están consideradas una mala práctica de programación. Dificultan la reutilización del *software* desarrollado y pueden causar errores difíciles de localizar. Se recomienda minimizar su uso. Uno de los problemas que podemos tener con las variables globales es que haya también variables locales con el mismo nombre. En el ejemplo 4.26 podemos ver este caso.

```
1    <!DOCTYPE html>
2    <html>
3      <head>
4        <title>Variable locales y globales</title>
5        <meta charset="UTF-8">
6      </head>
7      <body>
8        <script type="text/javascript">
9            let a = 1, b = 2; // variables globales
10           function fun(){
11               let b, c; // accesibles solo en la función
12               a++;
13               b = 3;
14               c = 4;
15           }
16           fun();
17           console.log(a);
18           console.log(b);
```

```
19          </script>
20        </body>
21    </html>
```

Ejemplo 4.26. Variable locales globales y locales.

La salida del ejemplo será:

```
2
2
```

- En la línea 9 se declara la variable *a* y se inicializa con un 1. Como está fuera de cualquier función, será una variable global. También se declara la variable global *b*.

- Cuando en la línea 16 se llama a la función *fun()*, se incrementa la variable *a*. Como no hay ninguna variable local con ese nombre, se incrementa la variable global.

- En la línea 13, se asigna un 3 a la variable *b*. Pero como sí que hay una variable local con ese nombre, es esa la que recibe el valor. La global no se modifica.

- En las líneas 17 y 18 se imprimen los valores de *a* y *b*. Podemos ver que *a* ha cambiado de valor, pero *b* no.

- Desde fuera de la función, las variables locales no son accesibles. Si se intentara mostrar el contenido de la variable local *c*

```
console.log(c);
```

la consola mostraría el siguiente error:

```
Uncaught ReferenceError: c is not defined
```

4.3.3. Bibliotecas de funciones

Una librería (o biblioteca, *library*) es una colección de funciones útiles para el desarrollador. Las funcionalidades que puede ofrecer una librería son muy diversas. Por ejemplo, la librería Backbone da soporte para desarrollo de aplicaciones web usando el patrón MVC, mientras que en jQuery y YUI hay (entre otras cosas) métodos para animaciones y para seleccionar elementos utilizando el DOM (volveremos sobre esto en la sección 4.8). También hay librerías de *widgets* para el diseño de interfaces de usuario avanzadas como jQuery UI o Dojo.

Una de las principales ventajas de usar librerías es que suelen ocuparse de las diferencias entre navegadores, lo que quita mucho trabajo a los desarrolladores.

jQuery es una de las librerías más extendidas, la usaremos en algunos ejemplos a lo largo de este capítulo. Para incluir una librería en un programa, haremos como en el ejemplo 3.4, en el que vimos cómo incluir un fichero externo. La siguiente línea incluye jQuery:

```
<script src="https://code.jquery.com/jquery-3.7.1.min.js"></script>
```

En este caso se incluye desde internet, pero también se puede descargar e incluir un fichero local.

4. 4. Manipulación de texto

Hasta ahora hemos usado cadenas de texto, pero sin entrar en detalles ni realizar operaciones complejas sobre ellas. JavaScript, como lo mayoría de los lenguajes, tiene una serie de métodos predefinidos para trabajar con cadenas. En este capítulo veremos las más usadas. Además, aprenderemos los principios de la interacción con el usuario, ya que por el momento los ejemplos que hemos visto han sido de programas que no necesitaban al usuario para nada. En este capítulo usaremos formularios para que el usuario pueda introducir texto y aprenderemos a manejar algunos eventos básicos.

Caracteres especiales

Para escribir algunos caracteres, como un salto de línea, es necesario usar un carácter de escape. En JavaScript el carácter de escape es la barra invertida ('\'). La siguiente instrucción muestra dos líneas:

```
document.write('Primera línea\n Segunda línea');
```

La tabla 4.6 resume algunos caracteres especiales. También es posible mostrar cualquier carácter usando su código Unicode. Por ejemplo, para imprimir una 'a', con código 97:

```
document.write('Imprime una a:  \u0097');
```

Tabla 4.6. Caracteres especiales

Carácter	Descripción	Valor Unicode
\n	Nueva línea	\u0010
\t	Tabulador	\u0009
\'	Comilla simple	\u0039
\"	Comillas dobles	\u0034
\\	Barra invertida	\u0092

4.4.1. Funciones básicas para la manipulación de texto

El objeto predefinido *String* tiene una serie de métodos para trabajar con cadenas. Es posible usar los métodos y propiedades de este objeto sobre cualquier cadena de texto, también literales.

- Método *charAt* (posición)

    Este método devuelve el carácter de la posición que se pasa como argumento. Si la posición no existe, devuelve una cadena vacía ("). Es importante tener en cuenta que la primera posición es la número 0.

```
let cad = 'Hola', r;
r = cad.charAt(0);
alert(r);  //muestra la H
r = cad.charAt(12); //la última posición es la 3
alert(r);  //muestra ''
```

- Método *indexOf* (carácter, [inicio])

    Devuelve la posición del carácter que se pasa como primer argumento. Tiene un segundo parámetro opcional (por eso va entre corchetes), la posición desde la que se quiere que empiece a buscar.

```
let cad = 'Pantomima';
r = cad.indexOf('a'); // devuelve 1
r = cad.indexOf('a',3); // devuelve 8
```

- Método *lastIndexOf*(carácter)

  Devuelve la última posición en que aparece el carácter que recibe como argumento.

  ```
  let cad = 'Pantomima';
  r = cad.lastIndexOf('a'); // devuelve 8
  ```

- Método *replace(cad1, cad2)*

  Devuelve una cadena como la original sustituyendo *cad1* por *cad2*.

  ```
  let cad = 'Buenos días';
  r = cad.replace('os','ísimos'); // cad no cambia
  alert(r); // muestra 'Buenísimos días'
  r = cad. replace('s',''); 
  alert(r); // muestra 'Bueno día'
  ```

- Método *substr*(posición, longitud)

  Devuelve una subcadena a partir de la posición indicada en el primer parámetro. El segundo parámetro es la longitud de la subcadena.

  ```
  let cad = 'Buenos días';
  r = cad.substr(2, 3);
  alert(r); // 'eno'
  ```

- Método *substring*(inicio, fin)

  Devuelve la subcadena entre las dos posiciones indicadas.

  ```
  let cad = 'Buenos días';
  r = cad.substring(2, 6);
  alert(r); // 'enos '
  ```

- Método *split*([separador][, límite])

  Este método parte una cadena por el carácter indicado. Devuelve un *array* con varias cadenas. Por ejemplo, si se parte la cadena 'Hola, buenos días' usando el espacio (' '), devolverá un *array* con tres cadenas. El parámetro separador es opcional; si no se usa, devuelve la cadena entera. El parámetro opcional límite fija un número máximo de elementos para el *array* devuelto.

```
let cad = 'Hola, buenos días', r;
r = cad.split(' '); //devuelve un array con 'Hola,', 'buenos' y 'días'
r = cad.split('a'); //devuelve un array con 'Hol', ', buenos dí' y 's'
```

- Métodos *toLower()* y *toUpper()*

  Para pasar a minúsculas o mayúsculas una cadena.

```
let cad = 'Hola, Antonio', r;
r = cad.toLower();
alert(r); // muestra 'HOLA, ANTONIO'
r = cad.toUpper();
alert(r); // muestra 'hola, antonio'
```

- Método *trim()*

  Este método devuelve la cadena original recortada. Elimina los espacios de los extremos izquierdo y derecho de la cadena.

```
let cad = '   Hola, Antonio   ', r; // atención a los espacios
r = cad.trim();  //  cad no se modifica
alert(r); // muestra 'Hola, Amtonio'
```

A continuación, un ejemplo completo que muestra los métodos que hemos visto en este apartado.

```
1    <!DOCTYPE html>
2    <html>
3      <head>
4        <title>Funciones para cadenas</title>
5        <meta charset="UTF-8">
6      </head>
7      <body>
```

```
8        <script type="text/javascript">
9            let cad1 = 'fotografía.jpg', cad2 = 'jpg', cad3;
10           let cad4 = 'Cadena con espacios', r;
11           console.log('Letra en la pos 3: ' + cad1.charAt(3));
12           r = cad1.charAt(100);
13           console.log(r);
14           r = cad1.lastIndexOf('z');
15           console.log(r);
16           console.log(cad1.indexOf('o'));
17           console.log(cad1.indexOf('o',3));
18           cad3 = cad1.replace('jpg', 'gif');
19           console.log(cad3);
20           console.log(cad4.split(' '));
21           console.log(cad4.split('a'));
22           cad3 = cad1.substr(4,3);
23           console.log(cad3);
24           cad3 = cad1.substring(4,6);
25           console.log(cad3);
26           cad3 = cad1.substring(cad1.lastIndexOf('.'));
27           console.log(cad3);
28           console.log(cad4.toUpperCase());
29           console.log(cad4.toLowerCase());
30       </script>
31     </body>
32   </html>
```

Ejemplo 4.27. Funciones para cadenas.

La salida del ejemplo es:

```
Letra pos 3: o
<empty string>
-1
1
3
```

```
fotografía.gif
Array [ "Cadena", "con", "espacios" ]
Array [ "C", "den", " con esp", "cios" ]
"gra"
"gr"
".jpg"
"CADENA CON ESPACIOS"
"cadena con espacios"
```

Explicación del ejemplo:

- En las líneas 9 y 10 se definen varias cadenas, las que se irán usando a lo largo del ejercicio.

- El primer método que se utiliza es *charAt()*. Devuelve el carácter que se encuentra en la posición que recibe como argumento. Si la posición no existe, no devuelve nada. En la línea 11 se imprime el carácter en la posición tres de *cad1*. Es la primera línea de la salida (recuerda que la primera posición tiene índice 0).

- En la línea 12 se almacena el carácter de la posición 100 en *r*, y en la 13 se imprime *r*. Como *cad1* tiene menos de 100 posiciones, la función no devuelve nada. Es la segunda línea de la salida.

- En la línea 14 se almacena en *r* la última posición en la que aparece la 'z' dentro de *cad1*. Como no aparece ninguna vez, la función *lastIndexOf()* devuelve -1. Es la tercera línea de la salida.

- En las líneas 16 y 17 se llama otras dos veces a *indexOf()*, pero en la línea 17 tiene un parámetro adicional, que marca a partir de qué posición de la cadena se debe empezar a buscar. Por eso, las dos líneas tienen salidas diferentes: la línea 16 busca desde la primera posición de la cadena y, por tanto, encuentra la 'o' de la posición 1. En cambio, en la llamada de la línea 17, se busca desde la posición 2 y, por tanto, encuentra la 'o' de la posición 3. Se trata de la cuarta y quinta líneas de la salida.

- En la línea 18 se llama al método *replace()*. En concreto, se reemplaza la subcadena 'gif' en *cad1* por 'jpg'. El resultado se almacena en *cad3*, que se imprime a continuación. Es la sexta línea de la salida.

- En las líneas 20 y 21 se usa el método *split()*. El resultado se muestra directamente, porque estas funciones devuelven *arrays* y todavía no sabemos cómo mostrarlos. Por eso en la consola se muestra también la palabra 'Array'. En el primer caso partimos la cadena por el carácter espacio. En el segundo, por la 'a'. Se puede observar que los caracteres que se usan para partir la cadena no aparecen en las cadenas devueltas.

- En la línea 22 se usa el método *substr()*. En concreto, devuelve tres caracteres de *cad1* empezando por la posición 4. No modifica *cad1*, pero el resultado se almacena en *cad3*. Es la novena línea de la salida.

- En la línea 24 se usa el método *substring()* para devolver los caracteres entre las posiciones 4 y 6 de *cad1*. Es la décima línea de la salida.

- En la línea 26 se usa el método *substring()* en la parte de *cad1* que va del último punto hasta el final de la cadena. Se puede usar para extraer la extensión de un fichero.

Tabla 4.7. Métodos del objeto String

Método	Descripción
charAt(posición)	Devuelve el carácter que se encuentra en una determinada posición
indexOf(carácter [, inicio])	Devuelve el índice de la primera aparición de un carácter (busca a partir de inicio)
lastIndexOf(carácter)	Devuelve el índice de la última aparición de un carácter
replace(cad1, cad2)	Sustituye una subcadena por otra
split([separador][, límite])	Parte una cadena en varias
substr(posición, longitud)	Devuelve la subcadena a partir de una posición y un número de caracteres indicados
substring(ind1, ind2)	Devuelve la subcadena entre dos índices
toLower()	Pasa la cadena a minúsculas
toUpper()	Pasa la cadena a mayúsculas
toString()	Convierte una variable u objeto a cadena
trim()	Quita los espacios de los extremos de la cadena
valueOf()	Devuelve el valor numérico asociado a la cadena

4.4.2. Introducción y validación de texto

Para introducir texto, y datos en general, lo más habitual es usar los controles de formulario de HTML. Desde JavaScript se puede acceder a los valores que el usuario haya introducido. Para empezar, veamos un pequeño ejemplo que tiene solo un campo de texto y un botón. Cuando se pulsa el botón, se muestra el contenido del campo de texto en una alerta. Por ahora, no se ha incluido un elemento *form* para no complicar el código.

```
1    <!DOCTYPE html>
2    <html>
3      <head>
4        <title>Introducir texto</title>
5          <meta charset="UTF-8">
6          <script>
7          function mostrarTexto(){
8                  let texto;
9                  texto= document.getElementById('correo').value;
10                 alert(texto);
11         }
12         </script>
13     </head>
14     <body>
15         <input id="correo" name ="email">
16         <input  type="submit" onclick="mostrarTexto()">
17     </body>
18   </html>
```

Ejemplo 4.28. Cómo introducir texto.

Hay dos novedades muy importantes respecto a los ejemplos anteriores.

- Función *document.getElementById()*

  Esta es una de las funciones básicas para trabajar con el DOM., un tema fundamental en el diseño web que se explica en detalle en la sección 4.8. En este ejemplo se usa para obtener el valor que el usuario haya introducido en la caja de texto.

  Con la función *document.getElementById()* se busca dentro de la página un elemento que tenga un atributo *id* igual al valor que se pasa como parámetro. En la línea 15 se puede ver el elemento *input* con *id* = 'correo'. Si lo encuentra, la función devuelve un objeto que representa al elemento. El texto introducido se encuentra en la propiedad *value*.

- Atributo *onclick*

  Es posible asociar funciones a eventos de la página web. Un evento es, por ejemplo, que el usuario pulse un botón. En la línea 16 del ejemplo, el atributo *onclick* hace que al pulsar el botón se llame a la función MostrarTexto(). La gestión de eventos se trata en detalle en la sección 4.9.

Ilustración 4.4. Atributo *onclick*.

Validación de formularios

Uno de los usos más habituales de JavaScript es la validación de los datos de entrada. Por ejemplo, comprobar que se rellenen todos los campos del formulario, o que en un campo haya al menos seis caracteres.

Antes de seguir, conviene hacer memoria sobre los formularios HTML. Los formularios sirven para que el usuario introduzca información. Es habitual que esa información se envíe a un servidor, donde se procesa. Los formularios se crean con el elemento *form*. Dentro del mismo, se colocan los campos que el usuario tiene que rellenar y controles como listas desplegables y botones.

Uno de esos botones suele ser el botón de envío, un elemento *input* o *button* con *type* = 'submit'. Al pulsar, en principio, se envían los datos del formulario al servidor, a la ruta especificada en el atributo *action*.

Cuando se asocia el evento de pulsar el botón de envío a una función JavaScript, el formulario se enviará al servidor solo si la función devuelve verdadero. Si devuelve falso, el formulario no se envía.

En el siguiente ejemplo hay un formulario con tres campos: nombre, edad y correo. Hay comprobaciones sobre los dos últimos. El código JavaScript se encuentra en un fichero externo.

```
1       <!DOCTYPE html>
2       <html>
3         <head>
4           <title>Validación de texto</title>
5           <meta charset="UTF-8">
6           <script src='ejemplo4_30.js'></script>
7         </head>
8         <body>
9           <form action="procesar.php" method="GET">
10            Nombre Completo: <input id = "nombreCompleto"><br>
11            Edad: <input id = "edad"><br>
12            Correo: <input id = "correo" name ="email"><br>
13            Envíar: <input  type ="submit"
14                      onclick="return comprobarFormulario()"><br>
15            Limpiar: <input type = "reset">
16          </form>
17        </body>
18      </html>
```

Ejemplo 4.29. Validación de un formulario (HTML).

La parte más interesante está en el fichero JavaScript. La función comprobar-Correo() simplemente comprueba que en la cadena haya una arroba y un punto, y que el punto esté detrás de la arroba. Si cumple esas condiciones, devuelve verdadero. En otro caso, devuelve falso.

La función comprobarFormulario() es la que está asociada al evento. Lo primero que hace (líneas 17 y 18) es leer los valores de las cajas de texto del formulario y almacenarlos en las variables *correo* y *edad*. Luego llama a la función comprobarCorreo() y si el correo no es válido, devuelve falso.

Para comprobar la *edad* usa una función que no hemos visto hasta ahora, *isNaN()*. La función *isNaN* (*is Not a Number*) devuelve verdadero si el argumento que recibe no es un número. En el caso de que sea un número, comprueba que no salga de ciertos límites. Si no es un número o no cumple los límites la función devuelve *false*.

Si el correo y la edad son correctas, la función comprobarFormulario() devuelve *true* y el formulario se envía.

```
1      function comprobarCorreo(correo){
2              let posArroba, posPunto;
3              //comprobar si hay una arroba
4              posArroba = correo.indexOf('@');
5              if(posArroba==-1){
6                      return false;
7              }
8              posPunto = correo.lastIndexOf('.');
9              if(posPunto==-1 || posPunto < posArroba){
10                     return false;
11             }
12             return true;
13     }
14     function comprobarFormulario(){
15             let correo;
16             let edad;
17             texto = document.getElementById('correo').value;
18             edad = document.getElementById('edad').value;
19             // si el correo no vale la función devuelve false
20             if(comprobarCorreo(texto)==false){
21                     alert('Correo incorrecto');
22                     return false;
23             }
24             // ahora comprobar la edad
25             if (isNaN(edad)) {
26                     alert('La edad tienen que ser un número');
27                     return false;
28             }else{
29                     if (edad > 65 || edad < 18){
30                             alert('Edad fuera de los límites');
31                             return false;
32                     }
33             }
34             return true;
35     }
```

Ejemplo 4.30. Código JavaScript para validar el formulario del ejemplo 4.29.

4.5. Listas (*arrays*)

Los *arrays* son una de las estructuras de datos fundamentales en programación. También suelen llamarse *vectores* o *matrices*. Se trata de un tipo de dato complejo que agrupa varios elementos. Los *arrays* de una dimensión se pueden ver como una lista ordenada de varios elementos. Los de dos dimensiones, como una matriz con filas y columnas. Se accede a cada uno de los elementos por medio de su posición en el *array*.

4.5.1. Creación de *arrays* básicos

En JavaScript los *arrays* son objetos y una de las maneras de crearlos es con el constructor *Array()*.

```
let vacio = new Array(); // vacío
// con tres elementos
let sistemas = new Array('Ubuntu', 'Windows', 'Android');
```

Si no se usa ningún argumento, se crea un *array* vacío. Si se le pasan varios elementos, se crea un *array* con esos elementos. Hay una excepción con la que hay que tener cuidado: si se llama al constructor con un solo número, crea un *array* con ese número de elementos (todos con valor *undefined*).

```
let l1= new Array(4,3); // array con dos elementos (un 4 y un 3)
let l1= new Array(4); // array con cuatro elementos (todos undefined)
```

También se pueden crear utilizando un literal de *array*.

```
let animales = ['perro', 'gato', 'caballo', 'tigre'];
```

Cada uno de los elementos del *array* es un objeto. No tienen por qué ser del mismo tipo.

```
let variosTipos = [ 100, 'Hola', true];
```

Acceder a los elementos

Para acceder a un elemento hay que usar su posición dentro del *array*. La primera posición es la 0.

```
let lenguajes = new Array('Java', 'C++', 'JavaScript');
alert(lenguajes[0]); // muestra Java
alert(lenguajes[2]); // muestra JavaScript
alert(lenguajes[4]); // no existe la posición, devuelve undefined
```

Añadir elementos

Para añadir un elemento, basta con asignarlo a lo posición que queramos, aunque no exista. Se crean también las posiciones intermedias necesarias, con valor *undefined*.

```
let lenguajes = new Array('Java', 'C++', 'JavaScript');
lenguajes[7] = 'Lisp'; // lenguajes pasa a tener 8 elementos
r = lenguajes[7];
alert(r); // muestra 'Lisp'
r = lenguajes[5];
alert(r); // no muestra nada, r tiene valor undefined
```

Propiedad *length*

La propiedad *length* también se puede aplicar a los *arrays*. Contiene la longitud del *array*.

```
let lenguajes = new Array('Java', 'C++', 'JavaScript');
let vacio = new Array();
r = lenguajes.length;
alert(r); // muestra 3
r = vacio.length;
alert(r); // muestra 0
```

Métodos del objeto *Array*

Como en el caso de las cadenas, JavaScript tiene un buen número de métodos predefinidos para trabajar con *arrays*.

- Método *toString()*

  Este método convierte el *array* en una cadena de texto. JavaScript lo llama automáticamente cuando se usa como una cadena, por ejemplo, al llamar a la función *alert()* con un *array*.

  ```
  let palabras = ['hola', 'buenos', 'días'];
  r = palabras.toString();
  alert(r); // muestra hola,buenos,días
  alert(palabras); // muestra hola,buenos,días
  ```

- Método *concat(array1, array2, ..., arrayn)*

  Este método concatena los *arrays* que recibe como argumentos y devuelve un único *array* grande. Une los *arrays* en el orden en que los recibe. No modifica ninguno de los *arrays* que recibe.

  ```
  let verduras = ['Lechuga', 'Espinacas'];
  let dulces = ['Chocolate', 'Bombones'];
  let limpieza = ['Fregona'];
  let listaCompra;
  listaCompra = verduras.concat(dulces, limpieza);
  // muestra 'Lechuga,Espinacas,Chocolate,Bombones,Fregona'
  alert(listaCompra);
  ```

- Método *indexOf(elemento[, inicio])*

  ```
  let palabras = ['hola', 'buenos', 'días'];
  let r;
  r = palabras.indexOf('buenos');
  alert(r); // muestra 1
  r = palabras.indexOf('patata'); // muestra -1
  alert(r);
  ```

Esté método devuelve la posición en la que aparece un elemento. El parámetro opcional inicio sirve para que empiece a buscar a partir de la posición indicada. Si no se especifica, empieza a buscar desde la posición 0. Si el elemento aparece varias veces, devuelve la posición de la primera vez que lo encuentra. Si no encuentra el elemento devuelve -1.

- Método *lastIndexOf*(elemento)

  Este método es similar al anterior, pero muestra directamente la última posición en la que aparece el elemento. Si no aparece, devuelve -1.

```
let palabras = ['hola', 'buenos', 'días', 'buenos'];
r = palabras.lastIndexOf('buenos');
alert(r); // muestra 3
```

- Método *reverse*()

  Este método invierte el orden de los elementos del *array*. Este método modifica el *array*, no crea uno nuevo.

```
let palabras = ['hola', 'buenos', 'días'];
palabras.reverse();
alert(palabras); // muestra 'días,buenos,hola'
```

- Método *join*()

  Este método devuelve todos elementos del *array* unidos en una cadena de texto. El parámetro opcional separador sirve para elegir el carácter con el que se separarán los elementos. Si no se especifica, se separan por comas.

```
let palabras = ['hola', 'buenos', 'días'];
r = palabras.join(); // muestra 'hola,buenos,días'
alert(r);
r = palabras.join('-'); // muestra 'hola-buenos-días'
alert(r);
```

- Método *sort*([funciónComparación])

  Este método sirve para ordenar un *array*. Modifica el *array*, no crea uno nuevo. Por defecto, interpreta los elementos como cadenas y las ordena por orden alfabético (con el orden de Unicode). Por ejemplo, si se comparan las cadenas '35' y '283', la menor es la segunda, porque el '2' tienen un código Unicode menor que el '3'. Además, las mayúsculas van antes que las minúsculas.

```
let cadenas = ['42','333', 'RTC', 'abc'];
cadenas.sort();
alert(cadenas); // muestra '333,42,RTC,abc'
```

Este método tiene un parámetro opcional que permite especificar la función que se usa para comparar elementos del *array*. Es importante entender cómo se realiza el proceso de ordenación:

- Para ordenar el *array*, *sort()* va comparando los elementos de dos en dos.

- Para compararlos, llama a la función indicada y le pasa como argumentos los dos elementos.

- Si la función devuelve un número negativo, interpreta que el primero es menor que el segundo (es decir, va por delante en el orden). Si devuelve un número positivo, interpreta que el segundo es el menor de los dos. Si devuelve 0, es que los dos elementos son equivalentes.

A continuación, un ejemplo de cómo ordenar un *array* de números de menor a mayor. En el primer caso no ordena bien los números, porque los interpreta como cadenas. En el segundo, sí. Es importante señalar que la función solo está pensada para *arrays* que contengan números, no cadenas que representen números.

```
function comparar(elem1, elem2){
        if (elem1==elem2){
                return 0;
        }
        if (elem1 < elem2){
                return -1;
        }
        if (elem1 > elem2){
                return 1;
        }
```

```
}
let numeros = [6, 81, -23, 45, 3];
numeros.sort();
alert(numeros); // muestra '-23,3,45,6,81'
// volver a poner los valores originales
let numeros = [6, 81, -23, 45, 3];
numeros.sort(comparar);
alert(numeros); // muestra '-23,3,6,45,81'
```

Ejemplo 4.31. Método *sort()*.

- Método *slice*(inicio[, fin])

  Este método devuelve un trozo del *array*, especificado por los dos parámetros. El segundo parámetro es opcional; si no lo recibe, devuelve los elementos desde la posición indicada por inicio hasta el final. El *array* original no se
  modifica.

```
let palabras = ['hola', 'buenos', 'días', 'mañana'];
r = palabras.slice(1,3);
alert(r); // muestra 'buenos,dias'
r = palabras.slice(1);
alert(r); // muestra buenos,días,mañana
```

- Método *splice*(inicio, numBorrados[, elem1, ... , elemN])

  Este método permite insertar y eliminar elementos. El parámetro inicio indica la posición inicial. A partir de ahí, suprime numBorrados elementos. Op-
  cionalmente, el método recibe como parámetros elementos nuevos para el
  array. Los insertará a partir de la posición inicio en el orden en que los reciba. Este método modifica el *array* y devuelve los elementos borrados.

```
let notas = ['do', 're', 'mi', 'fa', 'sol', 'la', 'si'];
r = notas.splice(1,1); // suprime el re
alert(notas); // muestra 'do,mi,fa,sol,la,si'
//introduce dos elementos sin borrar
r = notas.splice(4, 0, 'si', 'sol');
```

```
alert(notas); //  muestra 'do,mi,fa,sol,si,sol,la,si'
r = notas.splice(2, 2, 'la'); // borra dos elementos e introduce 1
alert(notas); // muestra 'do,mi,la,si,sol,la,si'
alert(r); // muestra , 'fa,sol' los últimos elementos eliminados
```

- Método *pop()*

El método *pop()* elimina el último elemento de un *array* y lo devuelve. Si el *array* está vacío, devuelve *undefined*. Junto con *push()*, permite usar los *arrays* como si fueran pilas. El *array* queda modificado.

```
let notas = ['do', 're', 'mi','fa', 'sol', 'la', 'si'];
r = notas.pop();
alert(r); // muestra 'si', el elemento eliminados
alert(notas) // muestra 'do,re,mi,fa,sol,la'
```

- Método *push*(elem1, ... , elemN)

El método *push()* inserta al final del *array* los elementos que recibe. Devuelve la nueva longitud del *array*. El *array* queda modificado.

```
let notas = ['do'];
r = notas.push('re','mi');
alert(notas); // muestra 'do,re,mi'
alert(r); // muestra 3
```

- Método *shift()*

Elimina el primer elemento del *array* y lo devuelve. El resto de los elementos se desplaza una posición. El *array* queda modificado.

```
let notas = ['do', 're', 'mi'];
r = notas.shift();
alert(notas); // muestra 're,mi'
alert(r); // muestra 'do', el elemento eliminado
```

- Método *unshift*(elemento1, … , elementoN)

  Añade uno o más elementos al principio del *array*. Devuelve la nueva longitud del *array*, que queda modificado.

```
let notas = ['do'];
r = notas.unshift('re','mi');
alert(notas); // muestra 're,mi,do'
alert(r); // muestra 3, la nueva longitud
```

- Método *forEach*(función[, *thisArg*])

  Este método permite aplicar una función a todos los elementos de un *array*. Es muy práctico, pero también puede resultar un poco difícil de usar para los principiantes. Como en el caso de *sort()*, recibe una función. El método *forEach()* recorre el *array* y para todas las posiciones (excepto las vacías) llama a la función. La función recibe tres argumentos: el elemento, su índice y el *array*. Veamos un ejemplo sencillo que eleva al cuadrado todos los elementos de un *array*.

```
function cuadrado(elem, indice, numeros){
        numeros[indice]=elem*elem;
}
let numeros = [1, 3, 5, 7];
numeros.forEach(cuadrado);
alert(numeros);  //muestra '1, 9, 25, 49'
```

También es posible usar una función anónima. Veamos otra forma de elevar al cuadrado todos los elementos del *array*.

```
let numeros2 = [2, 4, 6, 8];
numeros2.forEach(function(elem, indice, numeros){
        numeros[indice]=elem*elem;}
);
alert(numeros2);  //muestra '4, 16, 36, 64'
```

También tiene un atributo opcional para especificar el valor que se pasa como *this* a la función. Dejamos este tema para más adelante, cuando veamos los objetos con más detalle.

- Método *map*(función[, *thisArg*])

El método *map()* es como *forEach()*, pero crea un nuevo array en lugar de modificar el original.

```
numeros = [1, 3, 5, 7];
r = numeros.map(cuadrado);
alert(r); // muestra  '1,9,25,49'
```

- Método *filter*(función[, *thisArg*])

Este método permite seleccionar solo aquellos elementos del *array* que cumplan ciertas condiciones. El primer parámetro es la función que se va a usar para filtrar los elementos. Como en los ejemplos anteriores, la función recibe tres argumentos: el elemento, su índice y el *array*.

El método *filter()* llama a la función con todos los elementos no vacíos del *array*. Cuando la función devuelve *true*, el elemento es seleccionado. Cuando devuelve *false*, no. El método devuelve finalmente un *array* con los elementos seleccionados. El *array* original no se modifica. En el siguiente ejemplo, se seleccionan solo los elementos positivos del *array* usando la función mayorCero().

```
function mayorCero(elem, indice, array){
      if (elem > 0) return true;
      else return false;
}
numeros = [1, -3, -5, 7];
r = numeros.filter(mayorCero);
alert(r); // muestra '1,7'
```

- Método *every*(función)

Este método determina si todos los elementos del *array* cumplen cierta condición. La condición se especifica pasando como parámetro una función, como hemos visto en los casos anteriores. El método *every()* llama a la función con todos los elementos no vacíos del *array*. Si devuelve *true* para todos los elementos, *every()* devuelve *true*. Si falla para alguno, devuelve *false*.

Para este ejemplo usamos de nuevo la función mayorCero() del anterior.

```
numeros = [1, -3, -5, 7];
r = numeros.every(mayorCero);
if(r == true){
        alert('Todos son mayores que 0'); // no se muestra
} else {
        alert('No todos son mayores que 0'); // se muestra
}
```

- Método *some*(función)

  El método *some()* es similar al anterior. Devuelve *true* si alguno de los elementos cumple con la condición.

```
numeros = [1, -3, -5, 7];
r = numeros.some(mayorCero);
if(r == true){
        alert('Alguno es mayor que 0'); // se muestra
} else {
        alert('Ninguno es mayor que 0'); // no se muestra
}
```

Tabla 4.8. Métodos para *arrays*

Método	Descripción
indexOf(elemento[, inicio])	Devuelve la primera posición en la que aparece un elemento
lastIndexOf(elemento)	Devuelve la última posición en la que aparece un elemento
pop()	Elimina y devuelve el último elemento
slice(inicio[, fin])	Devuelve un trozo del *array*
splice(inicio, numBorrados [, elem1, … , elemN])	Elimina y añade elementos al *array*
push(elemento1, …, elementon)	Inserta elementos al final y devuelve la nueva longitud del *array*
shift()	Elimina y devuelve el primer elemento del *array*

Método	Descripción
unshift(elemento1, ...elementon)	Inserta elementos al principio y devuelve la nueva longitud del *array*
forEach(función[, thisArg])	Aplica una función a cada elemento no vacío del *array*, modificándolo
map(función[, thisArg])	Como el anterior, pero en lugar de modificar el *array* devuelve uno nuevo
filter(función)	Devuelve los elementos de un *array* que cumplen una condición
every(función)	Devuelve *true* si todos los elementos del *array* cumplen cierta condición
some(función)	Devuelve *true* si alguno de los elementos del *array* cumple cierta condición

Copiar *arrays*

Para copiar *arrays* no basta con asignar las variables, como se puede ver en el siguiente ejemplo.

```
1   <!DOCTYPE html>
2   <html>
3     <head>
4       <title>Copia de arrays</title>
5       <meta charset="UTF-8">
6     </head>
7     <body>
8       <script>
9         function ordenarPorLongitud(cad1, cad2){
10            let l1, l2;
11            l1 = cad1.length;
12            l2 = cad2.length;
13            if( l1 == l2) return 0;
14            if( l1 < l2 ) return -1
15            else return 1;
16          }
17          let cadenas = ['teclado', 'Hola', 'mañana' ];
18          let cadenasAux = cadenas;
```

```
19          cadenasAux.sort(ordenarPorLongitud); //ordenar cadenasAux
20          document.write(cadenasAux + '<br>');
21          document.write(cadenas + '<br>');  // afecta a cadenas!
22          cadenas = ['teclado', 'Hola', 'mañana']; // reinicializar
23          let cadenasAux2 = cadenas.slice(0); // copia el array
24          cadenasAux2.sort(ordenarPorLongitud); //ordenar cadenasAux
25          document.write(cadenasAux2 + '<br>');
26          document.write(cadenas + '<br>');  // no afecto a cadenas
27      </script>
28    </body>
29  </html>
```

Ejemplo 4.32. Copia de *arrays*.

La salida de este programa será:

```
Hola,mañana,teclado
Hola,mañana,teclado
Hola,mañana,teclado
teclado,Hola,mañana
```

Veamos detenidamente qué ocurre en este ejemplo:

- En la línea 17 se declara un *array* de cadenas llamado *cadenas* y dos variables auxiliares.

- En la línea 18 se asigna a *cadenasAux* el valor de *cadenas*. Esto no crea un nuevo *array* copia de *cadenas*. Lo que ocurre es que *cadenas* y *cadenasAux* apuntan a los mismos elementos. Por eso, cuando en la línea 19 se ordena *cadenasAux* el *array cadenas* también se ve afectado. En las dos primeras líneas de la salida se ve que ambas variables contienen lo mismo.

- Los *arrays* se ordenan de menor a mayor longitud de la cadena, usando la función ordenarPorLongitud().

- En la línea 23 se realiza una copia de *cadenas* y se almacena en *cadenasAux2*. Para copiarla se utiliza *slice()*. Recordemos que este método devuelve un trozo del *array* original. Si se le llama solo con un argumento 0, devuelve una copia de todo el *array*.

- En la línea 24 se ordena *cadenasAux2*. A continuación, se imprimen *cadenas* y *cadenasAux2* para comprobar que en esta ocasión *cadenas* no ha cambiado. Se trata de las dos últimas líneas de la salida.

4.5.2. *Arrays* multidimensionales

Los *arrays* que hemos visto hasta este punto son de una dimensión. También es posible hacer matrices, *arrays* de dos dimensiones. Las matrices son *arrays* en los que cada elemento es a su vez un *array* de una dimensión. Aunque no hay ningún problema para hacer *arrays* de tres o más dimensiones, no es habitual.

Las matrices se pueden declarar usando literales, como en el siguiente fragmento de código:

```
var matriz = [ [1, 2], [3, 4], [5, 6]];

alert(matriz[2][1]); // muestra el 6

alert(matriz[1][1]); // muestra el 4

alert(matriz[0][0]); //  muestra el 1
```

Para acceder a un elemento en una matriz hay que usar dos índices. El primero indica la fila y el segundo la columna.

También es posible crearlas usando el constructor *Array()*. El siguiente ejemplo crearía una matriz de tres filas y dos columnas. Primero crea un *array* de tres posiciones y luego asigna un *array* con dos elementos a cada una de esas posiciones.

```
var filas = 3;

var columnas = 2;

var matriz = new Array(filas);

for(var i = 0; i < matriz.length; i++){

        matriz[i] = new Array(columnas);

}
```

Los elementos de la matriz no están inicializados.

4.5.3. Tratamiento de *arrays* mediante bucles

Aunque ya hemos visto que hay muchos métodos útiles predefinidos para trabajar con *arrays*, en ocasiones tendremos que hacer nuestras propias funciones o métodos para tareas específicas. Normalmente, trabajar con *arrays*
implica hacer bucles para recorrerlos (los métodos como *forEach()*, *map()* que
vimos en el apartado 4.5.1 pueden ser una alternativa). En el ejemplo 4.33 podemos ver varias formas de recorrer un *array*.

```
1    <!DOCTYPE html>
2    <html>
3      <head>
4        <title>Recorrer arrays 1D</title>
5        <meta charset="UTF-8">
6      </head>
7      <body>
8          <script>
9          let num = 10;
10         let lista = new Array(num);   // crear array
11         let i;
12         for( i = 0; i < lista.length; i++){ // inicializar
13                 lista[i] = i;
14         }
15         /* recorrer de principio a fin */
16         for( i = 0; i < lista.length; i++){
17                 document.write(lista[i]+' ');
18         }
19         document.write('<br>');
20         /* recorrer del revés */
21         for( i = lista.length  - 1; i >= 0; i--){
22                 document.write(lista[i]+' ');
23         }
24         document.write('<br>');
25         /* solo indices pares */
26         for( i = 0; i < lista.length; i = i + 2){
27                 document.write(lista[i]+' ');
28         }
29         document.write('<br>');
30         /* hasta que acabe el array o encuentre un tres */
```

```
31              for( i = 0; i < lista.length; i ++){
32                  document.write(lista[i]+' ');
33                  if(lista[i] == 3){
34                      break;
35                  }
36              }
37          </script>
38      </body>
39  </html>
```

Ejemplo 4.33. *Arrays* de una dimensión.

- En la línea 10 crea un *array* de 10 elementos usando la variable *num*, que vale 10.

- En las líneas 12-14 podemos ver el bucle habitual para recorrer un *array*. La variable del bucle va de 0 a la longitud del *array*. En cada paso del bucle se incrementa la variable. Con un bucle así se recorre el *array* de principio a fin, pasando por todas las posiciones.

- El primer bucle inicializa las posiciones del *array* con los números del 0 al 9.

- El bucle de las líneas 16 a 18 muestra el *array* por pantalla. Después de cada elemento añade un espacio en blanco para facilitar la lectura. Se trata de la primera línea de salida.

- El bucle de las líneas 21 a 23 recorre el *array* del revés. El primer valor de la variable *i* será la longitud del *array* menos uno, y el último valor 0 (recordemos que la primera posición del *array* es la 0). La variable *i* se decrementa en cada pasada. Se puede comprobar en la segunda línea de la salida.

- En las líneas 26 a 28 hay un bucle que recorre solo las posiciones pares. Es como los dos primeros bucles, pero incrementando la variable *i* de dos en dos. Se puede ver el resultado en la tercera línea de la salida. Si el valor inicial de *i* fuera 1, recorrería solo los elementos impares.

El último bucle del ejemplo recorre el *array* elemento a elemento, pero termina antes de llegar al final del *array* si encuentra un 3. Es la última línea de la salida.

La salida del ejemplo anterior será:

```
0 1 2 3 4 5 6 7 8 9
9 8 7 6 5 4 3 2 1 0
0 2 4 6 8
0 1 2 3
```

Funciones con *arrays*

En el ejemplo 4.34 hay dos funciones que reciben *arrays*:

- La función *sumarArray()* (líneas 9 a 14) recibe un *array* y devuelve la suma de todos sus elementos. Recorre el *array* sumando los elementos. Utiliza una variable llamada *suma* para acumular el resultado.

- La línea 12 es equivalente a suma = suma + lista[i];

- La función *mayor()* recibe un *array* de números y devuelve el mayor. Utiliza la variable *elemMayor* (línea 17) para almacenar el mayor elemento encontrado hasta el momento. Recorre el *array* comparando cada elemento con *elemMayor,* y si encuentra uno mayor, actualiza la variable (línea 20).

- La variable *elemMayor* se inicializa al primer elemento del *array*, así que no hace falta incluirlo en el bucle (el primer valor de *i* es 1).

- En ambos casos se supone que los *arrays* solo contienen números (con cadenas que representen números las funciones no devolverán el resultado esperado).

```
1    <!DOCTYPE html>
2    <html>
3      <head>
4        <title>Funciones con arrays 1D</title>
5        <meta charset="UTF-8">
6      </head>
7      <body>
8          <script>
9          function sumarArrray(lista){
10               let suma = 0;
11               for( let i = 0; i < lista.length; i++){
12                   suma += lista[i];
13               }
14               return suma;
15           }
16           function mayor(lista){
17               let elemMayor = lista[0];
18               for( let i = 1; i < lista.length; i++){
19                   if (lista[i] > elemMayor){
20                       elemMayor = lista[i];
```

```
21                              }
22                          }
23                              return elemMayor;
24                      }
25              let numeros = [6, 81, -23, 45, 3], r;
26              r = sumarArrray(numeros);
27              document.write('Suma del array: ' + r + '<br>');
28              r = mayor(numeros);
29              document.write('Número mayor: ' + r + '<br>');
30          </script>
31      </body>
32  </html>
```

Ejemplo 4.34. Funciones con *arrays*.

La salida del programa será:

```
La suma de todos los números del array es: 112
El mayor número del array es: 81
```

Recorrer *arrays* multidimensionales

Para recorrer un *array* de dos dimensiones usaremos un bucle anidado. Para recorrer un *array* de *n* dimensiones se necesitarían *n* bucles anidados. El siguiente ejemplo crea una matriz de tres por tres elementos y la recorre asignando un 1 en todas las posiciones.

```
let columnas = 2;

let matriz = new Array(filas);

for(let i = 0; i < matriz.length; i++){

        matriz[i] = new Array(columnas);

}

for(let i = 0; i < columnas; i++){
```

```
        for(let j = 0; j < columnas; j++){
            matriz[i][j] = 1;
        }
}
```

Ejemplo 4.35. *Arrays* de dos dimensiones (matrices).

- Crea primero un *array* de longitud *columnas* y luego lo recorre. A cada elemento le asigna un nuevo *array*, también de longitud *columnas.*

- Después, recorre la matriz fila a fila. El bucle externo recorre las filas. El interno recorre las columnas para cada fila.

- Para recorrer la matriz por columnas en lugar de por filas bastaría con cambiar matriz[i][j] por matriz[j][i].

Para finalizar esta sección analizaremos un ejemplo complejo con matrices que incluye también los elementos de interacción con el usuario que vimos en el subepígrafe 4.4.2.

```
1   <!DOCTYPE html>
2   <html>
3     <head>
4       <title>Crear y mostrar un matriz de n columnas</title>
5       <meta charset="UTF-8">
6     </head>
7     <body>
8       <script>
9           function crearMatriz(columnas){
10              let matriz = new Array(columnas), contador = 0;
11              for(let i = 0; i < columnas; i++) {
12                  matriz[i] = new Array(columnas);
13              }
14              for (let i=0; i < columnas; i ++){
15                  for(let j=0; j < columnas; j ++){
16                      matriz[i][j] = contador;
17                      contador++;
```

```
18                     }
19                 }
20             return matriz;
21         }
22         function imprimirMatriz(){
23             let mat;
24             let columnas;
25             columnas = document.getElementById('cols').value;
26             mat = crearMatriz(columnas);
27             for(let i = 0; i < columnas; i++){
28                     for(let j = 0; j < columnas; j++){
29                             document.write(mat[i][j]+ ' ');
30                     }
31             document.write('<br>');
32             }
33         }
34     </script>
35     Introduzca número de filas y columnas: <input id="cols">
36     <button onclick="imprimirMatriz()">Escribir matriz</button>
37     </body>
38 </html>
```

Ejemplo 4.36. Crear y recorrer matrices.

- La función *crearMatriz()* recibe un número y devuelve una matriz con ese número de filas y columnas. Rellena la matriz con números crecientes, empezando por el 0.

- Crea primero un *array* de longitud *columnas* (línea 10) y luego lo recorre. A cada elemento le asigna un nuevo *array*, también de longitud *columnas*.

- La función *imprimirMatriz()* coge el valor de la caja de texto y lo convierte en un número. Con ese número llama a la función *crearMatriz()* en la línea 26.

- Al mostrar cada elemento del *array*, añade un espacio para facilitar la lectura de la matriz (línea 29).

- Introduce un salto de línea entre fila y fila (línea 31).

- Cuando el usuario pulsa el botón, se llama a la función *imprimirMatriz()*, por el atributo *onclick* que ya vimos en el ejemplo 4.28.

El resultado en el navegador, antes y después de pulsar el botón será:

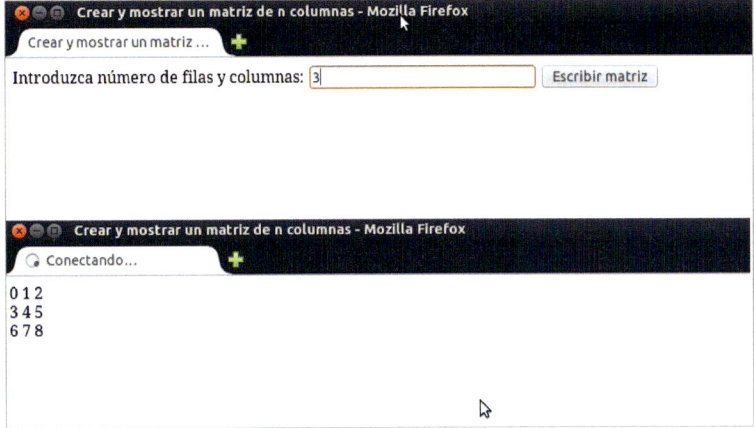

Ilustración 4.5. Crear e inicializar matrices.

4.6. Formatos estándar de almacenamiento de datos en lenguajes de guion

En ocasiones es interesante almacenar información en el ordenador del cliente, como por ejemplo, la fecha y hora de la última visita. Los datos almacenados en el cliente solo existirán mientras el usuario no borre el historial. Además, si el mismo usuario se conecta desde otro equipo esa información no estará disponible. La manera más habitual siempre ha sido usar *cookies*, pero dadas sus limitaciones se han ido desarrollando alternativas.

Actualmente, las formas básicas de guardar información en el cliente son:

- *Cookies*.
- Almacenamiento DOM (DOM *Storage*).
- IndexedDB.

4.6.1. Comparativa

Cookies

Las *cookies* son pequeños ficheros de texto que se almacenan en el ordenador del cliente. Son el método tradicional para guardar información en el cliente. Presentan varios inconvenientes:

- El número de *cookies* que puede tener una página está limitado. Los detalles varían con cada navegador.

- Las *cookies* se envían al servidor con cada petición. Si hay muchas, pueden afectar a la velocidad de la conexión.

Como veremos a continuación, manejarlas desde JavaScript es engorroso si no se utiliza una librería apropiada. Como ventajas de las *cookies* sobre otros métodos podemos señalar:

- Amplio soporte en todos los navegadores, incluso en versiones antiguas.

- Se pueden manejar desde el cliente y desde el servidor.

Almacenamiento DOM

El almacenamiento DOM es una alternativa a las *cookies*. Es más reciente y mejora algunas de sus limitaciones. Podemos destacar:

- Mayor almacenamiento disponible. En general, los navegadores admiten más cantidad de información por servidor usando el almacenamiento DOM que con las *cookies*. Los detalles varían con cada navegador, y de hecho en algunos es posible configurar el límite.

- Solo funciona en los navegadores modernos.

- Solo se puede usar desde el cliente. Si queremos leer (o almacenar datos) desde el servidor, hay que hacerlo a través de un *script* en el cliente que se comunique con él.

IndexedDB

Permite crear una base de datos transaccional local. Los datos (pueden ser objetos) se almacenan usando una clave, no en tablas como se haría en una base datos relacional. Es un estándar del W3C.

4.6.2. Tratamiento de formatos estándar

En esta sección veremos cómo manejar las *cookies* desde JavaScript. Al crear una *cookie* se puede indicar:

- Nombre. El nombre de la *cookie*, se usará para buscarla posteriormente.

- Valor. El valor que almacenará la *cookie*.

- Tiempo de validez. La fecha hasta la que es válida. Si no se especifica, se borrará al finalizar la sesión (cuando se cierre el navegador).

- Dominio. El dominio desde el que es accesible.

- Ruta. La ruta (directorio) dentro del servidor desde donde es accesible.

- Seguridad. Es posible hacer que solo esté disponible para conexiones seguras.

Para crear la *cookie* hay que construir una cadena con el siguiente formato:

```
nombre = valor; expires = fecha; path = ruta; domain = dominio; secure
```

Solo nombre y valor son obligatorios, el resto de la cadena es opcional. Si aparece la palabra *secure*, la *cookie* solo se puede usar en conexiones por el protocolo HTTPS.

Esta cadena se asigna a *document.cookie*, es decir, a la propiedad *cookie* del objeto *document*. La siguiente cadena crearía una *cookie* llamada 'nombre' con valor 'Ana' y fecha de caducidad el último día de 2035. Hay que escribir la fecha en formato UTC.

```
document.cookie="nombre=Ana; expires=Thu, 31 Dec 2035 00:00:00 UTC";
```

Si se crea otra *cookie,* no se sobrescriben las anteriores.

Al indicar la fecha de caducidad, es habitual usar la fecha actual y hacer que la *cookie* dure, por ejemplo, un año. El siguiente fragmento muestra cómo hacerlo:

```
var fecha = new Date();
fecha.setTime(fecha.getTime() + (365*24*60*60*1000));
document.cookie = "nombre = Ana;" + "expires="+ fecha.toUTCString();
```

- En la primera línea se pide un objeto Date llamado *fecha.*

- En la segunda se obtiene la fecha actual con el método *getTime()*, que devuelve el número de milisegundos transcurridos desde el 1 de enero de 1970.

- A esa cifra se le añaden los milisegundos que se desea que dure la *cookie*.

- En la última línea se monta y asigna la cadena. Para convertir la fecha al formato adecuado se usa el método *toUTCString()*.

Para eliminar una *cookie* se usa la misma instrucción que para crearlas, pero se indica una fecha de caducidad anterior a la presente.

```
document.cookie = "nombre=Ana; expires=Thu, 2 Mar 2000 00:00:00 UTC";
```

En el siguiente ejemplo se usa una *cookie* para almacenar el nombre del usuario. Al cargar la página, si no existe la *cookie,* se mostrará una alerta con el texto 'Bienvenido por primera vez' y se creará la *cookie* nombre con valor 'Paco' (suponemos que el usuario se llama así). Si la *cookie* existe, se mostrará un mensaje de bienvenida con el valor almacenado.

```
1    <!DOCTYPE html>
2    <html>
3      <head>
4        <title>Cookies</title>
5        <meta charset="UTF-8">
6      </head>
7      <body>
8       <script>
9         function buscarCookie(nombre){
10          let nom;
11          let cadenaLarga =  document.cookie;
12          let cookies = cadenaLarga.split(';');
13          let partesCookie;
14          nom = nombre + '=';     /*para que no haya errores*/
15          for (let i = 0; i < cookies.length; i++){
16                  pos = cookies[i].indexOf(nom);
17                  if(pos!==-1){
18                  /*devolvemos lo que haya después del igual*/
19                      partesCookies = cookies[i].split('=');
20                      return partesCookies[1];
21                  }
22          }
23        return -1;
24        }
```

```
25          let c;
26          c = buscarCookie('usuario');
27          if(c ===-1){
28            alert('Bienvenido por primera vez');
29            document.cookie = "usuario=Paco";
30          }else{
31            alert('Bienvenido de nuevo ' + c);
32          }
33        </script>
34      </body>
35    </html>
```

Ejemplo 4.37. Crear y leer *cookies*.

Explicación del ejemplo:

- En las líneas 9 a 24 se declara la función buscarCookie() que, como su nombre indica busca una *cookie* con el nombre que se le pase como argumento.

- En la línea 11 se lee el valor de *document.cookie*, una cadena, y en la 12 se parte la cadena por el carácter ';'.

- En la línea 14 se añade una carácter '=' al final del nombre de la *cookie* para que no se confunda con otra *cookie,* cuyo nombre empiece por el argumento aunque no sea igual.

- En el bucle de las líneas 15 a 22 busca el nombre de la *cookie* entre todas las que haya.

- Si la encuentra, devuelve el valor almacenado. Si no la encuentra, devuelve -1.

- En la línea 26 se llama a la función con el valor 'usuario'. Si devuelve -1, es decir, la *cookie* no existe, se muestra el mensaje 'Bienvenido por primera vez' y se crea la *cookie* 'usuario' con valor 'Paco'.

- Si devuelve algo diferente de -1, quiere decir que la *cookie* existe y el valor de retorno es el contenido de la *cookie*. Se usa para mostrar la alerta de la línea 31.

En el anterior ejemplo queda claro que el manejo de las *cookies* es un poco engorroso con JavaScript, pero hay librerías que facilitan su uso, como JSCookie.

4.6.3. Diccionarios de datos

La opción de almacenamiento DOM es mucho más sencilla que la anterior. Los datos se guardan con un formato de clave/valor. Si queremos que los datos solo se almacenen durante la sesión actual, se usa el objeto *sessionStorage*. Para que duren más tiempo (hasta que se borre el historial), se usa *localStorage*. En ambos casos para escribir datos se usa el método *setItem()* y para leerlos, el método *getItem()*.

El siguiente ejemplo hace lo mismo que el anterior, pero usando el almacenamiento DOM:

```
1    <!DOCTYPE html>
2    <html>
3      <head>
4        <title>DOM Storage</title>
5        <meta charset="UTF-8">
6      </head>
7      <body>
8        <script>
9            let nombre = localStorage.getItem("nombre");
10           if( nombre === null) {
11                   alert ('Bienvenido por primera vez');
12                   localStorage.setItem("nombre", "Paco");
13           }
14           else{
15                   alert('Bienvenido de nuevo ' +nombre);
16           }
17        </script>
18      </body>
19    </html>
```

Ejemplo 4.38. Almacenamiento DOM.

Para borrar datos, se usa el método *removeItem()*, por ejemplo:

```
localStorage.removeItem(nomUsuario)
```

4.7. Objetos

JavaScript es un lenguaje orientado a objetos con una diferencia fundamental respecto de los más habituales, como Java y C++, en los que se crean clases y a partir de ellas se crean los objetos, que son instancias de una clase. Por ejemplo, en un programa de gestión en el que haya que manipular datos de clientes y empleados se crearía una clase Persona y a partir de ahí se podrían declarar objetos de esa clase.

En JavaScript, por el contrario, no es necesario definir una clase para definir objetos. Un objeto es una colección de propiedades, que pueden ser variables o funciones. Este enfoque es conocido como orientado a prototipos o basado en prototipos. En cualquier caso, a partir de la versión ECMAScript 6 se pueden definir clases de la manera habitual.

4.7.1. Creación de objetos: métodos y estructuras de datos

Para crear un objeto, hay varias opciones. La manera más sencilla es usar la notación literal, o inicializador de objetos:

```
let persona = { "Nombre": "Juan", "Edad": 40}
```

La sentencia anterior crea un objeto con nombre persona. El objeto es una colección de pares propiedad-valor. Para cada propiedad se indica su nombre y su valor.

JSON

JSON (*JavaScript Object Notation*, 'notación de objetos en JavaScript') tiene su origen en JavaScript, pero se usa en otros muchos contextos. Es un formato sencillo y ligero que se utiliza para almacenar e intercambiar información. Permite serializar los objetos JavaScript, pero solo contiene las propiedades, no los métodos.

La sintaxis es similar a la que hemos visto en el apartado anterior para crear un objeto, el incializador de objetos, aunque no es exacmente la misma. Por ejemplo, en JSON los identificadores tienen que ir entre comillas dobles.

Clases

La versión ECMAScript 6 introdujo la palabra reservada *class* para crear clases de manera similar a lenguajes como Java o C++. Es posible declarar los métodos y atributos cómo públicos o privados y hay un mecanismo de herencia. Los elementos más importantes son:

- El constructor de la clase es un método con nombre *constructor()*. Es el método al que se llama al utilizar el operador *new()*.

- Para indicar que un método o atributo es privado, se añade el carácter # antes de su nombre.

- Para indicar que un método o atributo es estático, se añade la palabra *static* antes de su nombre.

En el ejemplo 4.39 se muestra cómo crear y utilizar una clase sencilla.

```
1   <!DOCTYPE html>
2   <html>
3     <head>
4         <title>Constructores</title>
5         <meta charset="UTF-8">
6     </head>
7     <body>
8         <script>
9            class Persona{
10           #nombre; // atributos privados
11           #edad;
12           constructor(nombre, edad){
13                this.#nombre = nombre;
14                this.#edad = edad;
15           }
16           toString(){
17                return (this.#nombre + ' ' + this.#edad);
18           }
19           setNombre(n){
20                this.#nombre = n;
21           }
22           setEdad(e){
23                this.#edad = e;
24           }
25           getNombre(){
26                return this.#nombre;
```

```
27                 }
28             getEdad(){
29                 return this.#edad;
30             }
31         }
32         let p = new Persona('Paco', 11);
33         p.nombre = 'd';
34         console.log(p.toString());
35         console.log(p.getNombre());
36         console.log(p.getEdad());
37         p.setNombre('Ana');
38         p.setEdad('40');
39         console.log(p.toString());
40       </script>
41    </body>
42  </html>
```

Ejemplo 4.39. Objetos en JavaScript.

- En las líneas 10 y 11, las propiedades edad y nombre se declaran usando el carácter #, por lo que serán privadas.

- Los métodos *getNombre()*, *getEdad()*, *setNombre()* y *setEdad()* deben ser públicos para que podamos usarlos desde fuera del objeto para modificar sus propiedades.

- En la línea 32 se declara un objeto *p* con el constructor Persona, con nombre 'Paco' y edad 11.

- En la línea 33 se intenta cambiar el valor de la propiedad nombre de la misma manera que habíamos visto en los ejemplos anteriores. En este caso no funciona, porque se trata de atributos privados. Se puede comprobar en la línea 34, en la que se imprime *p* usando el método *toString()*. Se corresponde con la primera línea de la salida y se puede observar que el nombre no ha cambiado.

- Posteriormente, en las líneas 35 y 36 se imprimen el nombre y la edad usando los métodos *getNombre()* y *getEdad()*. Se trata de las líneas tercera y cuarta de la salida.

- En las líneas 37 y 38 se modifica el valor del nombre y la edad usando *setNombre()* y *setEdad()*. En la línea 39 se comprueba que en esta ocasión sí se han modificado las propiedades. Se trata de la última línea de la salida.

La salida del ejemplo anterior será:

```
Paco 11
Paco
11
Ana 40
```

Herencia

Otra de las características básicas de la programación orientada a objetos es la herencia. Por ejemplo, a partir de la clase Persona es posible crear la clase Cliente. Esta hereda todos los atributos y métodos de la clase base (Persona) y añade otros propios.

Para crear una clase que herede de otra, se usa la palabra clave *extends*. Por ejemplo:

```
class Cliente extends Persona{
    #saldo;
    ...
}
```

4.7.2. Bibliotecas de objetos

Ya hemos utilizado varios de los objetos predefinidos de JavaScript, como *Date* o *String* en algunos ejemplos. Igual que con las funciones, es posible crear bibliotecas propias de objetos para reutilizar el código en otros proyectos.

4.8. El modelo de documento web

El modelo de documento web, habitualmente llamado DOM (*Document Object Model*), es un concepto fundamental dentro del diseño web. El DOM es una interfaz de programación (API) que permite manipular documentos HTML (y XML).

En este capítulo aprenderemos a manejar el DOM para:

- Añadir, eliminar y modificar elementos de la página.

- Consultar y modificar el valor de los atributos de los elementos.

- Alterar las propiedades de estilo.

4.8.1. Estructura de documento

El documento se interpreta como una colección de nodos organizados en forma de árbol. El nodo raíz se corresponde con el elemento *html*. Los atributos, comentarios y textos son también nodos.

```
1    <!DOCTYPE html>
2    <html>
3        <head>
4            <title>Página sencilla</title>
5            <meta charset="UTF-8">
6        </head>
7        <body>
8            <!--página de ejemplo para conocer el DOM-->
9            <h2>Bienvenidos a mi página</h2>
10           <p id = 'principal'>
11               Iré poniedo ejemplos sobre <em>JavaScipt</em>
12           </p>
13           <a href = 'http://www.w3c.org'>Más información</a>
14       </body>
15   </html>
```

Ejemplo 4.40. Estructura de un documento.

Podemos visualizar el DOM desde el navegador usando una extensión del navegador. La siguiente ilustración se obtuvo con el complemento de Firefox DOM Inspector.

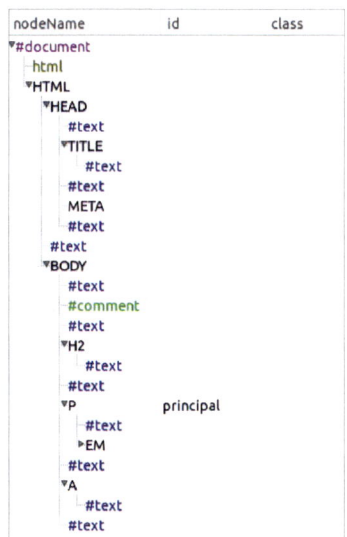

Ilustración 4.6. DOM para el ejemplo 4.40.

4.8.2. Navegación por las propiedades de un documento

Hay varios métodos muy usados para seleccionar elementos de la página web.

- Método *getDocumentById(id)*

  Este es uno de los métodos más utilizados. Devuelve el elemento de la página que tenga el *id* que se pasa como argumento, si es que existe. Si no existe, devuelve *undefined*.

- Método *getElementsByTagName*(nombre)

  Este método selecciona y devuelve todos los elementos HTML del tipo que se pase como argumento.

```
//selecciona todos los vínculos
document.getElementsByTagName('a');
```

Devuelve un *array* con los elementos.

- Propiedad *innerHTML*()

  Esta propiedad permite acceder al contenido de un elemento. Contiene el HTML correspondiente a sus descendientes. En el ejemplo 4.41 se usa en las líneas 13 y 17 para obtener el texto que está dentro de los párrafos de la página.

```
1   <!DOCTYPE html>
2   <html>
3     <head>
4         <title>Seleccionar elementos</title>
5         <meta charset="UTF-8">
6     </head>
7     <body>
8         <p id = 'primero'>Primer párrafo</p>
9         <p class = 'especial'>Segundo párrafo</p>
10        <p class = 'especial'>Tercer párrafo</p>
11        <script type = 'text/javascript'>
12            let texto, primer, parrafos;
13            primer = document.getElementById('primero').innerHTML;
14            console.log(primer);
15            parrafos = document. getElementsByTagName('p');
```

126

```
16                 for(let i = 0; i < parrafos.length; i++){
17                     texto = parrafos[i].innerHTML;
18                     console.log(texto);
19                 }
20          </script>
21      </body>
22    </html>
```

Ejemplo 4.41. Manejando el DOM.

La salida por la consola será:

```
Primer párrafo
Primer párrafo
Segundo párrafo
Tercer párrafo
```

Controles de formulario

Como ya vimos en el ejemplo 4.29, es habitual utilizar JavaScript para validar formularios antes de enviarlos al servidor. En el siguiente ejemplo vemos cómo obtener el valor de algunos controles de usuario habituales.

- Cuando se pulsa el botón de envío del formulario se llama a la función *coger-Datos()* que coge los valores introducidos.

- En las líneas 9 y 10 toma el valor del campo de texto con el apellido con la propiedad *value*. Esta propiedad también vale para el elemento *textArea*.

- Para encontrar el botón de radio seleccionado hay que recorrerlos uno a uno. En la línea 11 se seleccionan todos con el método *getElementsByName()*, que devuelve un *array* de elementos. Este *array* se recorre con el bucle de las líneas 12 a 15.

- Para comprobar si un botón de radio está seleccionado, se usa la propiedad *checked*. Cuando se encuentra se muestra el valor asociado mediante la propiedad *value*.

- En el caso de las casillas de verificación también hay que comprobar la propiedad *checked*. En las líneas de 17 a 19 se comprueba si la casilla con *id* = 'antAlumno' está marcada.

- Para las listas desplegables es un poco más complicado. Primero hay que busca el índice de la opción seleccionada mediante la propiedad *selectedIndex*, como se ve en las líneas 20 y 21. Las opciones siguen el mismo orden que en el documento HTML y se empieza a contar en 0.

- Con la posición se puede acceder a la opción seleccionada a través del atributo *options*, que es un *array*. Cada elemento de este *array* representa una de las opciones de la lista, y tiene las propiedades *text* y *value* que representan el texto mostrado y el atributo *value* de cada opción.

```
1   <!DOCTYPE html>
2   <html>
3     <head>
4       <title>Valores de los formularios</title>
5       <meta charset="UTF-8">
6       <script type="text/javascript">
7         function cogerDatos(){
8           let input, radio, checkbox, lista, texto, valor;
9           input = document.getElementById('ap');
10          console.log('Valor del campo de texto: ' + input.value);
11          radio = document.getElementsByName('sexo');
12          for (let i=0; i < radio.length; i++){
13            if (radio[i].checked){
14              console.log('Radio: ' + radio[i].value );
15            }
16          }
17          if (document.getElementById('antAlumno').checked){
18              console.log('Es antiguo alumno');
19          }
20          lista = document.getElementById('lista');
21          let indiceSel = lista.selectedIndex;
22          texto = lista.options[indiceSel].text;
23          valor = lista.options[indiceSel].value;
24          console.log('Ciclo: ' + texto + ' valor: ' + valor);
25          return false;
26        }
27      </script>
```

```
28    </head>
29    <body>
30      <form >
31        Nombre y apellidos:
32        <input id = "ap" required name="apellido">
33        <p>Hombre<input type="radio" name="sexo" value="hombre">
34        Mujer
35        <input type="radio" checked name="sexo" value="mujer">
36        <p>Antiguo alumno
37          <input id = 'antAlumno' name="antiguo" type="checkbox">
38        </p>
39        <p>Solicita convalidación
40          <input name="conva" type="checkbox">
41        </p>
42        <select id = 'lista' name="ciclo">
43          <option value="daw">DAW</option>
44          <option value="dam">DAM</option>
45        </select>
46        <input type="submit" onclick = 'cogerDatos()'>
47        <input type="reset">
48      </form>
49    </body>
50  </html>
```

Ejemplo 4.42. Lectura de los valores de los controles de un formulario.

4.8.3. Cambio de propiedades mediante lenguajes de guion

Modificar elementos

Para modificar el contenido de un elemento, se utiliza también la propiedad *innerHTML*. En el siguiente ejemplo se modifica el contenido de un párrafo con el texto que introduzca el usuario:

- Muestra una caja de texto para que el usuario escriba el nuevo contenido del párrafo.

- Al pulsar el botón, llama a la función *cambiarParrafo()* (línea 25).

- La función coge el contenido de la caja de texto usando su *id* (línea 14) y lo pone dentro del párrafo (línea 15).

- En la cabecera (líneas 6 a 11) se han añadido reglas de estilo para que el texto que cambia aparezca dentro de una caja.

```
1   <!DOCTYPE html>
2   <html>
3     <head>
4       <title>Ejemplo innerHTML</title>
5       <meta charset="UTF-8">
6       <style>
7         div {
8           border: 1px   solid black;
9           height: 6 em:
10         }
11      </style>
12      <script>
13        function cambiarParrafo(){
14          let texto = document.getElementById('nuevo').value;
15          document.getElementById('parrafo').innerHTML = texto;
16        }
17      </script>
18    </head>
19    <body>
20      <div >
21         <p id = 'parrafo'>Texto inicial</p>
22      </div>
23      Introduzca aquí el nuevo  texto: <input id="nuevo">
24      Pulse para cambiar:
25      <button  onclick = 'cambiarParrafo()'>Cambiar</button>
26    </body>
27  </html>
```

Ejemplo 4.43. Modificar elementos.

En la siguiente imagen se puede ver el aspecto de la página tras introducir un texto y pulsar el botón.

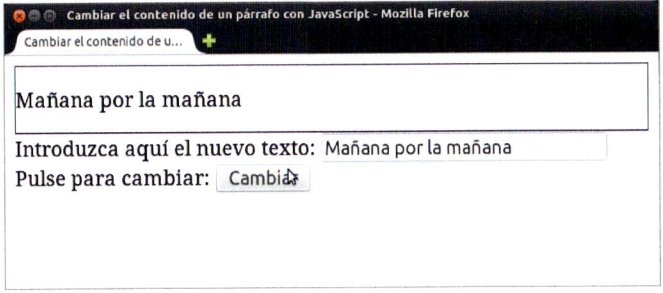

Ilustración 4.7. Manipulación de elementos usando el DOM.

Modificar, crear y eliminar atributos

- Método *setAttribute* (atributo, valor)

Este método establece el valor de un atributo del elemento. Si no existe, lo crea. El primer argumento es el nombre del atributo, y el segundo, el valor. Si el atributo ya existía, devuelve el valor anterior.

El siguiente ejemplo muestra una página web con una imagen y dos botones. Pulsando los botones la imagen cambia de tamaño. Cada botón está asociado con una función. Las dos funciones son casi iguales: cambian la altura y la anchura de la imagen, la única diferencia está en los valores.

```
<!DOCTYPE html>
<html>
  <head>
    <title>Añadir y eliminar atributos con JavScript</title>
    <meta charset="UTF-8">
    <script>
      function hacerPeq(){
        document.getElementById("foto")
                      .setAttribute('width', '125');
        document.getElementById("foto")
                      .setAttribute('height', '115');
      }
      function hacerGrande(){
        document.getElementById("foto")
                      .setAttribute('width', '250');
        document.getElementById("foto")
                      .setAttribute('height', '231');
```

```
      }
    </script>
  </head>
  <body>
    <img id = 'foto' src = 'flor.jpg' height = '231' width = '250' alt = 'flor'>
    <button onclick = 'hacerGrande()'>Imagen grande
    </button>
    <button onclick = 'hacerPeq()'>Imagen pequeña
    </button>
  </body>
</html>
```

Ejemplo 4.44. Modificar atributos.

La siguiente imagen muestra los dos posibles tamaños para la fotografía:

Ilustración 4.8. Modificación de atributos.

- Método *removeAttribute* (nombre)

  Elimina un atributo del elemento. Recibe el nombre del atributo y devuelve el valor que tenía.

  En el ejemplo 4.45 se habilita o deshabilita el botón de envío de un formulario con una casilla de verificación. Para hacerlo, se utiliza el atributo booleano *disabled*. Cuando está presente, el control aparece sombreado y no se puede utilizar, por lo que no se puede enviar el formulario.

```
1    <!DOCTYPE html>
2    <html>
3      <head>
4        <title>Añadir y eliminar atributos con JavaScript</title>
5        <meta charset="UTF-8">
6        <script>
7        function habilitar(){
8            /* buscar el boton */
9            let elem = document.getElementById('boton');
10           /* la casilla de verificacion */
11           let cas;
12           cas = document.getElementById('casilla');
13           let marcada = cas.checked;
14           if (marcada){
15             elem.removeAttribute('disabled');
16           }else{
17           /* si no lo tiene, se pone */
18             elem.setAttribute('disabled','disabled');
19           }
20         }
21       </script>
22     </head>
23     <body>
24       <form  action = 'procesar.php' method = 'POST'>
25         Nombre: <input name = 'nombre'><br>
26         Apellido: <input name = 'apellido'><br>
27         <input disabled id = 'boton' type = 'submit'>
28       </form>
29       <input id = 'casilla' type = 'checkbox'
30               onchange = 'habilitar()'>
31     Permitir envío
32     </body>
33   </html>
```

Ejemplo 4.45. Añadir y eliminar atributos.

- Lo primero que hace es seleccionar el elemento con *id* = 'boton', y lo almacena en la variable *elem* (línea 9).

- En las líneas 11 a 13 de la lista se consulta el valor de la casilla de verificación usando su *id* y el atributo *checked*, que será verdadero o falso según la casilla esté marcada o no.

- Si está marcada, se elimina el atributo *disabled* usando el método *remove-Attribute()*.

- Si no está marcada, hay que poner el atributo con el método *setAttribute()*. Como es un atributo booleano, se le da de valor el propio nombre del atributo.

- En este caso, el evento asociado a la función es *onchange*, que se da cuando cambia el valor del control.

En la ilustración 4.9 se puede observar cómo efectivamente el botón de envío está deshabilitado cuando la casilla no está marcada.

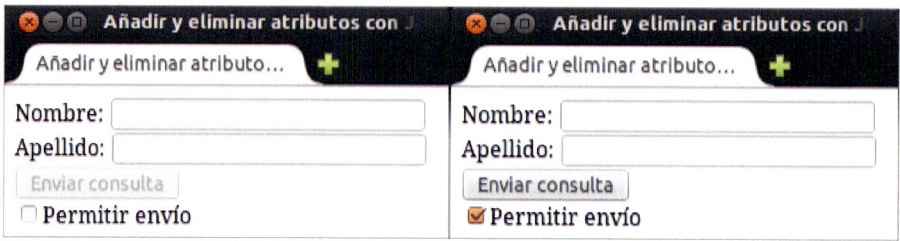

Ilustración 4.9. Añadir y eliminar atributos.

Añadir y eliminar elementos

- Método *appendChild*(nodo)

  Añade un nuevo nodo como último hijo del elemento.

- Método *removeChild*(hijo)

  Elimina uno de los hijos del elemento. Recibe como argumento el nodo que hay que eliminar.

  En el ejemplo 4.46 se muestra cómo añadir y eliminar elementos de una lista. Una caja de texto permite al usuario introducir un nuevo elemento, que se añade al final de la lista al pulsar uno de los botones. Con el otro botón, se elimina el último elemento de la lista.

- La función *ponerElemento()* se encargar de añadir los elementos.

- En la línea 10 selecciona el elemento *lista* y lo almacena en la variable *lista*. Para poder insertar (con el método *appendChild()*) hay que seleccionar al elemento padre del nuevo elemento.

- En la línea 12 coge el valor de la caja de texto.

- En la línea 14 crea un nuevo elemento *li*, que almacena en la variable *elem*. En la línea 15 le asigna el valor introducido en la caja de texto.

- En la línea 17 añade el nuevo elemento a la lista.

- La función quitarElemento() también empieza seleccionando la lista (línea 21). Como en el caso anterior, es necesario el elemento padre para eliminar a uno de sus hijos con el método *removeChild()*.

- Para seleccionar el último elemento *li,* primero selecciona todos los elementos *li* (línea 23). El elemento que hay que eliminar es el último del *array*. Se almacena en la variable *ultimo* (línea 25).

- En la línea 26 se elimina el elemento de la lista con el método *removeChild()*.

```
1    <!DOCTYPE html>
2    <html>
3      <head>
4        <title>Añadir y eliminar filas de una tabla</title>
5        <meta charset="UTF-8">
6        <script>
7          function ponerElemento(){
8            /* seleccionar al elemento padre */
9            let lista, text, elem;
10           lista = document.getElementById('lista');
11           /* coger el nuevo texto */
12           texto = document.getElementById('texto').value;
13           /* el nuevo elemento */
14           elem = document.createElement('li');
15           elem.innerHTML = texto;
16           /* poner el nuevo elemento al final */
17           lista.appendChild(elem);
18         }
19         function quitarElemento(){
20           /* seleccionar al elemento padre */
21           let lista = document.getElementById('lista');
22           let elems;
23           elems = document.getElementsByTagName('li');
24           let numElem = elems.length;
25           let ultimo = elems[numElem - 1];
26           lista.removeChild(ultimo);
27         }
28       </script>
29     </head>
```

```
30      <body>
31        <ul id = 'lista'></ul><hr>
32        <p>Texto del nuevo elemento:
33          <input id = 'texto'>
34        </p>
35        <button onclick='ponerElemento()'>
36          Añadir elemento
37        </button>
38        <button onclick='quitarElemento()'>
39          Quitar elemento
40        </button>
41      </body>
42    </html>
```

Ejemplo 4.46. Añadir y eliminar elementos.

A continuación, podemos ver el resultado tras añadir algunos elementos a la lista.

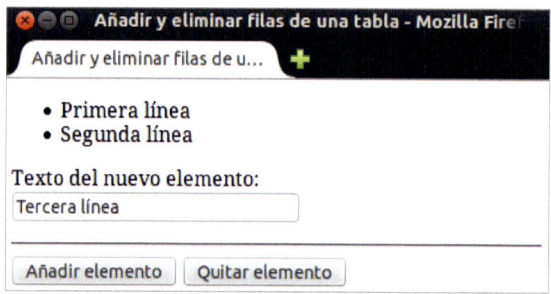

Ilustración 4.10. Añadir y eliminar elementos.

Cambiar propiedades de estilo

En el siguiente ejemplo vamos a ver cómo cambiar dinámicamente propiedades de estilo. Mediante una lista desplegable se escoge el tamaño del texto de un párrafo. La función *cambiarTam()*:

- En línea 11 coge el valor asociado al elemento seleccionado de la lista (atributo *value*).

- Según el valor seleccionado, asigna un tamaño u otro mediante un *switch* (líneas 13 a 26).

- Selecciona el párrafo por *id*. La propiedad CSS que hay que modificar es *font-size*. Como el nombre incluye un guion, la propiedad equivalente en JavaScript será *fontSize*.

```
1    <!DOCTYPE html>
2    <html>
3      <head>
4        <title>Cambiar tamaño del texto</title>
5        <meta charset="UTF-8">
6      </head>
7      <body>
8        <script type="text/javascript">
9          function cambiarTam(){
10           let lista, valor;
11           lista = document.getElementById("lista");
12           valor = lista.options[lista.selectedIndex].value;
13           switch(valor){
14             case 'peque':
15               document.getElementById("parrafo")
16                   .style.fontSize='small';
17               break;
18             case 'grande':
19               document.getElementById("parrafo")
20                   .style.fontSize='x-large';
21                 break;
22             case 'muyGrande':
23               document.getElementById("parrafo")
24                   .style.fontSize='xx-large';
25                 break;
26           }
27         }
28       </script>
29       <p id = "parrafo">Texto que cambia de tamaño</p>
30       <select id = "lista" onchange = "cambiarTam()">
31         <option selected value = "peque">Pequeño</option>
32         <option value = "grande">Grande</option>
33         <option value = "muyGrande">Muy grande</option>
34       </select>
35     </body>
36   </html>
```

Ejemplo 4.47. Manipulación de CSS.

En la siguiente imagen se aprecia cómo cambia el tamaño del texto según el valor seleccionado de la lista.

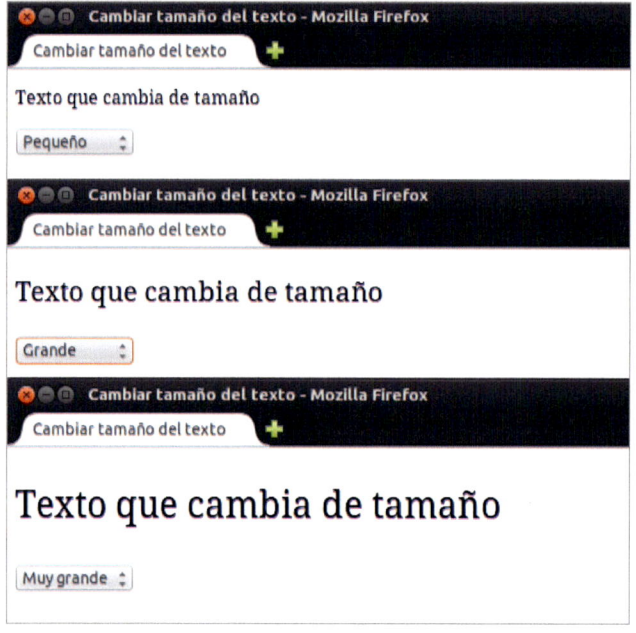

Ilustración 4.11. Manipulación de CSS.

Veamos ahora otro ejemplo habitual, cambiar el color de fondo.

```
1    <!DOCTYPE html>
2    <html>
3      <head>
4        <title>Cambiar color de fondo</title>
5        <meta charset="UTF-8">
6        <script>
7          function CambiarColor(){
8            let color;
9            color = document.getElementById('color').value;
10           if(color !='red' && color != 'green'){
11             alert('Color no válido, solo puede ser red o green');
12           }
13           document.getElementById('formu')
14                          .style.backgroundColor = color;
15      </script>
```

```
16      </head>
17        <body>
18          <div id='formu'>
19            Introduzca color: <input id="color">
20            <button onclick="CambiarColor()">
21              Cambiar color
22            </button>
23          <div>
24        </body>
25      </html>
```

Ejemplo 4.48. Cambiar el color de fondo.

4.9. Gestión de eventos

Mediante JavaScript es posible controlar qué eventos ocurren y asociarlos con una función. Algunos eventos típicos son: pulsar un botón, pasar el ratón por encima de un elemento o seleccionar una casilla de verificación. Es habitual que los botones cambien de tamaño cuando el ratón pasa por encima o que se abra un cuadro de diálogo al pulsar un botón. El DOM del W3C define un modelo de eventos uniforme entre navegadores.

4.9.1. Tipos de eventos

La siguiente tabla muestra los eventos relacionados con el ratón.

Tabla 4.9. Eventos de ratón

Evento	Descripción
click	El usuario elemento pulsa el ratón sobre el elemento (incluye los eventos *mousedown* y *mouseup*)
mousedown	El usuario aprieta el botón del ratón sobre el elemento (el evento se lanza sin esperar a que lo suelte)
mouseup	El usuario suelta el botón del ratón
mouseover	El puntero del ratón se pone sobre un elemento
mousemove	El puntero del ratón se mueve sobre un elemento
mouseout	El puntero del ratón sale de un elemento

Los eventos HTML están relacionados con la página o sus elementos.

Tabla 4.10. Eventos de HTML

Evento	Descripción
load	La página ha terminado de cargarse
error	Se produjo algún error
select	Se selecciona un trozo de texto
change	El valor del control cambia
submit	Se pulsa el botón de envío de un formulario
reset	Se pulsa el botón de *reset* de un formulario
focus	El foco se sitúa sobre un elemento
blur	El elemento pierde el foco

4.9.2. Técnicas para el manejo de eventos mediante lenguajes de guion

A continuación, se explican dos formas diferentes de asociar eventos con funciones. Además de estos métodos, las librerías como jQuery o Dojo tienen métodos para simplificar el manejo de eventos.

Atributos HTML

Esta es la técnica que hemos utilizado hasta ahora (ejemplos 4.42 a 4.48). Es la solución más rápida y sencilla para asociar código JavaScript con un evento, aunque no es una buena opción porque mezcla el HTML y el JavaScript.

Cada evento tiene un atributo asociado, que es el nombre del evento con el prefijo *on*. Así, para el evento *click*, tendremos el atributo *onclick*. Para el evento *change*, el atributo *onchange*.

Método *addEventListener()*

Con este método, podemos asociar una función y un evento. Por ejemplo, la siguiente instrucción hace que cuando se pulse el elemento con *id* = 'id1' se llame a la función mostrarAlerta().

```
document.getElementById('id1')
        .addEventListener('click', mostrarAlerta)
```

También es posible usar una función anónima y escribir directamente el código:

```
document.getElementById('id1')
        .addEventListener('click', function(){ alert(Hola) });
```

En los ejemplos 4.49 y 4.50 se usa este método.

4.9.3. Manejadores de eventos

Las funciones (o código) invocadas cuando ocurre un evento se llaman manejadores de eventos. Pueden tener acceso al elemento que generó el evento a través de la variable *this*. Podemos verlo en el siguiente ejemplo, en el que se asocia la misma función a dos botones. Al pulsar un botón, se mostrará una alerta con el campo *value* del botón pulsado.

```
1    <!DOCTYPE html>
2    <html>
3      <head>
4        <title>Ejemplo de this</title>
5        <meta charset="UTF-8">
6      </head>
7      <body>
8        <input id = 'id1'
9                   value = "Botón izquierdo" type = "button">
10       <input id = 'id2'
11                  value = "Botón derecho" type = "button">
12       <script type="text/javascript">
13         function mostrarAlerta(){
14           alert(this.value);
15         }
16         document.getElementById('id1')
17                      .addEventListener('click', mostrarAlerta);
18         document.getElementById('id2')
19                      .addEventListener('click', mostrarAlerta);
20       </script>
21     </body>
22   </html>
```

Ejemplo 4.49. Ejemplo de manejador de eventos.

4.9.4. Eventos de carga inicial

Es habitual definir los manejadores en una función que se ejecuta cuando todos los elementos de la página han terminado de cargarse utilizando el evento *onload*. En las líneas 10 a 13 del siguiente ejemplo se asocia el botón de la línea 17 con la función *saludo()*.

```
1     <!DOCTYPE html>
2     <html>
3       <head>
4         <title>Método addEventListener</title>
5         <meta charset="UTF-8">
6         <script type="text/javascript">
7             function saludo(){
8                 alert('Hola');
9             }
10            window.onload = function () {
11                let boton = document.getElementById('boton');
12                boton.addEventListener('click', saludo);
13            }
14        </script>
15      </head>
16      <body>
17          <input id = "boton" value = "Pulsa" type = "button" >
18      </body>
19    </html>
```

Ejemplo 4.50. Eventos de carga inicial.

4.9.5. Delegación y propagación de eventos

Vamos a imaginar una página con un formulario que, entre otros elementos, contiene un botón de envío. Si tanto el botón como el formulario tienen asociada una función para el evento *click*, ¿cuál de las dos funciones se utiliza al hacer *click* en el botón? La respuesta es depende. Cuando se produce un evento este se propaga por elementos de la página en dos fases:

- Fase de captura. Se recorre el DOM desde el elemento raíz (*html*) hasta el que generó el evento.

- Fase de burbuja (*bubble*). Después de la fase de captura, se recorre el DOM desde el elemento que generó el evento al elemento raíz.

Para determinar si la función debe actuar en la fase de captura o de burbuja, se usa un tercer argumento en el método *addEventListener()*. Si el valor del argumento es *true*, la función actuará en la fase de captura.

```
boton.addEventListener('click', saludo, true);
```

En este caso la función del elemento antecesor será la que se encargue del evento. Si el tercer argumento es *false*, el valor por defecto, la función actuará en la fase de burbuja. Con esta opción el manejador definido en el elemento descendiente tendrá preferencia.

La delegación de eventos se basa en estos mecanismos de propagación. Se habla de delegación de eventos cuando los eventos generados por un elemento son gestionados por un elemento antecesor. Tomemos como ejemplo el caso de una lista. Es un elemento *ul* con varios elementos *li*. Si queremos mostrar una alerta cada vez que se pulse un elemento de la lista, tendríamos que asociar la función a cada uno de los elementos *li*. Como alternativa, podemos hacer que el evento se gestione en el elemento *ul* aprovechando el mecanismo de propagación de eventos.

4.10. Gestión de errores

Un programa puede contener tres tipos de errores:

- Errores de sintaxis. Se producen cuando el programa no se ajusta a la sintaxis del lenguaje. En muchos casos se trata de pequeños errores como paréntesis o llaves mal colocados. En los lenguajes compilados, al compilar el programa, el compilador muestra todos los errores que haya encontrado. Como JavaScript es un lenguaje interpretado estos errores no se detectan hasta que se intenta ejecutar el programa. Para ver si se han producido, hay que mirar la consola.

- Errores de ejecución. Pueden deberse, por ejemplo, a que se intente acceder a una URL que no existe o a que se llame a una función con argumentos de tipo o valor incorrecto. En JavaScript, cuando se produce un error de ejecución se lanza una excepción, como veremos más adelante.

- Errores lógicos. En este caso, los programas se ejecutan sin problemas, pero no realizan la función deseada porque no se han programado correctamente.

En este capítulo veremos como controlar las excepciones generadas por errores de ejecución en nuestros *scripts*. Los errores de sintaxis no generan excepciones, salvo en el caso de que se produzcan dentro de la función *eval()*.

4.10.1. Manejo de error "No lenguajes de guion habilitados" (*no script*)

En una página que use JavaScript conviene comprobar que esté habilitado, para lo que se usa el elemento HTML *noscript*. Si no se hace la comprobación y JavaScript no está habilitado, la página no funcionará como se espera, pero el usuario no sabrá el motivo.

```
<noscript>
   JavaScript no está habilitado. Es necesario para que pueda acceder
   correctamente a esta página.
</noscript>
```

4.10.2. Chequeo de errores en funciones

Una opción para controlar errores es asociar una función a *window.onerror*. El siguiente ejemplo muestra cómo hacerlo.

```
1    <!DOCTYPE html>
2    <html>
3      <head>
4        <title>Manejador onerror</title>
5        <meta charset="UTF-8">
6      </head>
7      <body>
8        <script>
9          window.onerror =
10           function controlErrores(msj, url, linea, col, e) {
11             console.log('Se produjo un error: ' + msj);
12             console.log('En: ' + url);
13             console.log('Línea: ' + linea);
14             console.log('Columna: ' + col);
15             /* objeto con el error */
16             console.log(e);
17           }
18         /* b no está definida, genera excepción*/
19         let a = b + 2;
20       </script>
21     </body>
22   </html>
```

Ejemplo 4.51. Control de errores.

En la consola de Firefox la salida es la siguiente:

```
Se produjo un error: ReferenceError: b is not defined
En: file:///C:/ejemplo_4_51.html
Línea: 18
Columna: 12
```

4.10.3. Captura de errores

La estructura básica para el control de excepciones es la estructura *try-catch-finally*:

```
try {
  // instrucciones que pueden generar la excepción
} catch(e) {
  // instrucciones para tratar la excepción
} finally {
  // instrucciones que se ejecutan haya excepción o no
}
```

Si alguna de las instrucciones dentro del bloque *try* lanza una excepción la ejecución pasa al bloque *catch*. Este recibe la excepción generada como argumento (*e* en el ejemplo anterior). Las instrucciones del bloque *try* detrás de la que generó la excepción no se ejecutan. Si no se levanta ninguna excepción, el *catch* no se ejecuta. Las instrucciones situadas dentro del bloque *finally* se ejecutan haya o no excepción. Siempre que haya un *try* debe haber un *catch* y/o un *finally*.

Tabla 4.11. Tipos de errores

Tipo de error	Descripción
Error	Error genérico
SyntaxError	Error de sintaxis
TypeError	Error de tipo de dato
ReferenceError	Se referencia una variable que no existe
RangeError	Se produce cuando una valor no está en el rango permitido
URIError	URI mal formada
EvalError	Error al usar la función *eval*

Las excepciones son objetos y tienen dos propiedades: *name* y *message*. La primera contiene el tipo de error (uno de los de la tabla anterior) y la segunda un mensaje explicativo. En el siguiente ejemplo, la instrucción dentro del *try* provocará una excepción de tipo *ReferenceError* si la variable *var2* no está definida:

```
try {
    let a = var2;
} catch(e) {
    console.log(e.name + ' '+ e.message);
}
```

La salida sería:

```
ReferenceError var2 is not defined
```

Si en lugar de las propiedades se usa directamente el objeto *e*, se muestra una cadena con el nombre y el mensaje asociados al error, como se puede ver en el ejemplo 4.51.

El siguiente ejemplo muestra algunos de los tipos de excepción de JavaScript.

```
1    <!DOCTYPE html>
2    <html>
3      <head>
4        <title>Excepciones</title>
5        <meta charset="UTF-8">
6      </head>
7      <body>
8        <script>
9          try {
10             let a = var2;
11         } catch(e) {
12             console.log('Se produjo un error: ' + e );
13         }
14         try {
15             new 23;
16         } catch(e) {
```

```
17              console.log('Se produjo un error: ' + e);
18          }
19          try {
20            a = eval ('2 + ');
21          } catch(e) {
22              console.log('Se produjo un error: ' + e);
23          }
24          try {
25            let a = '\uDFFF';
26            let b = encodeURI(a);
27          } catch(e) {
28              console.log('Se produjo un error: ' + e);
29          } finally {
30              console.log('Este mensaje se muestra
31                          aunque no haya excepción');
32          }
33        </script>
34      </body>
35  </html>
```

Ejemplo 4.52. Tipos de excepciones en JavaScript.

La salida es:

```
Se produjo un error: ReferenceError: var2 is not defined
Se produjo un error: TypeError: 23 is not a constructor
Se produjo un error: SyntaxError: syntax error
Se produjo un error: URIError: malformed URI sequence
Este mensaje se muestra aunque no haya excepción
```

Veamos el ejemplo anterior paso a paso:

- El primer bloque *try-catch* está entre las líneas 9 y 13. En la línea 10 se declara la variable *a*, y se le asigna el valor de la variable *var2*. El problema es que *var2* no ha sido definida previamente, por lo que se produce un *ReferenceError*, como se muestra en la primera línea de la salida.

- El segundo bloque va de la línea 14 a la 18. En este caso se usa *new* con un constructor que no existe (23). Esto provoca un error de tipo de dato, como se muestra en la segunda línea de la salida.

- El tercer bloque, de la línea 19 a la 23, muestra un error de sintaxis. En la línea 20 se llama a la función *eval()* con una cadena que no es código JavaScript válido. Esta función interpreta la cadena como código JavaScript e intenta ejecutarlo. Como se le pasa una cadena no válida, se produce un error de sintaxis. Este error solo se produce cuando se usa la función *eval()*. Los errores de sintaxis del resto del código JavaScript no levantan esta excepción, pero se pueden controlar con el evento *onerror* (ejemplo 4.51).

- El cuarto bloque, de las líneas 24 a 32, incluye también una sección *finally*, que se ejecuta haya error o no. En este caso, el error se produce al utilizar la función *encodeURI()*. Esta función recibe una cadena y se encarga de sustituir algunos caracteres para que se pueda usar como una URI. Si se le pasan caracteres no válidos, como es el caso, levanta el error correspondiente. Se puede ver en la cuarta línea de la salida. En la quinta se muestra el mensaje de la sección *finally*.

Excepciones definidas por el programador

Es habitual definir excepciones propias para controlar errores en funciones o *scripts*. Es una alternativa a usar el valor de retorno de las funciones para indicar error.

```
1    <!DOCTYPE html>
2    <html>
3      <head>
4        <title>Función factorial con excepción</title>
5        <meta charset="UTF-8">
6      </head>
7      <body>
8        <script>
9          function factorial(num) {
10            let er;
11            er = new Error('El número no puede ser negativo');
12            if (num <0) throw(er);
13            if (num === 0) return 1;
14            return num * factorial(num-1);
15          }
16          try {
17            factorial(-1);
```

```
18          } catch(e) {
19              console.log(e.name + ' '+ e.message);
20          }
21      </script>
22  </body>
23 </html>
```

Ejemplo 4.53. Excepciones definidas por el programador.

La salida por la consola de este ejemplo será:

```
Error El número no puede ser negativo
```

4.10.4. Uso de puntos de ruptura

En el proceso de depuración de errores es habitual usar los puntos de ruptura (*breakpoints*). Al llegar a uno, la ejecución del programa se detiene hasta que el programador decide reanudarla. Se puede aprovechar la parada para ver el estado de las variables. En el siguiente ejemplo la ejecución se parará en cada pasada del bucle.

```
1  <!DOCTYPE html>
2  <html>
3    <head>
4      <title>Debugger</title>
5      <meta charset="UTF-8">
6    </head>
7    <body>
8      <script>
9        function contador(num){
10         let cuadrado;
11         for(let i = 0; i < num; i++){
12             cuadrado = i * i;
13             console.log('Número: ' + i
14                               + '. Cuadrado: ' + cuadrado);
15             debugger;
```

```
16              }
17          }
18          var n = 10;
19          contador(n);
20      </script>
21  </body>
22  </html>
```

Ejemplo 4.54. Punto de ruptura en cada iteración del bucle.

Los navegadores suelen incluir un depurador entre sus herramientas para desarrolladores. En la siguiente ilustración se puede ver el de Firefox al abrir el ejemplo 4.54.

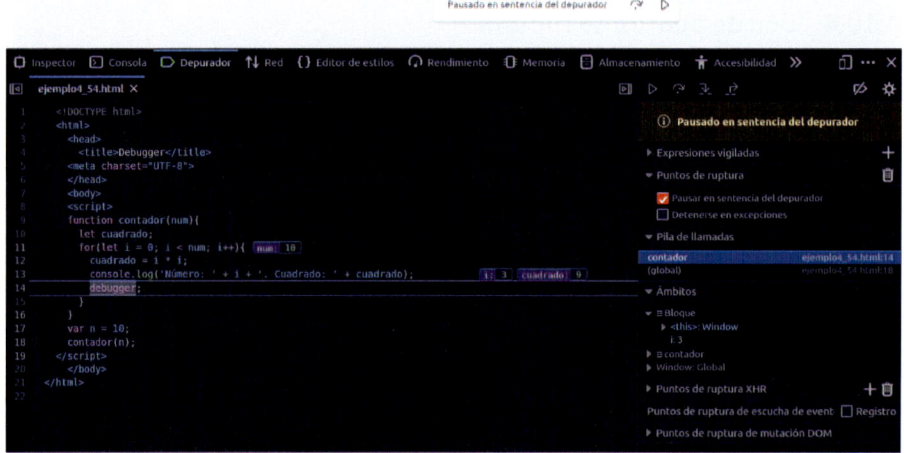

Ilustración 4.12. Depurador de Firefox.

4.11. Usos específicos de lenguajes de guion

Para finalizar este capítulo vamos a ver cómo utilizar JavaScript para algunas tareas habituales. Aprovecharemos para conocer la librería jQuery.

4.11.1. Integración multimedia de lenguajes de guion

Es habitual usar JavaScript para superar las limitaciones del HTML con el contenido multimedia. Por ejemplo, son habituales reproductores de audio y vídeo escritos en JavaScript que mejoran los controles básicos que ofrecen los navegadores, como veremos en el próximo capítulo.

4.11.2. Animaciones

Hay muchas librerías de JavaScript con funciones para animaciones. El siguiente ejemplo muestra cómo mover un elemento por la pantalla usando el método *anímate()* de jQuery.

```
1    <!DOCTYPE html>
2    <html>
3      <head>
4        <title>Animación con jQuery</title>
5        <meta charset="UTF-8">
6        <style>
7          #tit {
8            background-color : yellow;
9            position: absolute ;
10         }
11       </style>
12       <script
13         src="https://code.jquery.com/jquery-3.7.1.js">
14       </script>
15       <script>
16         $(document).ready(function(){
17           $("#tit").on('click', function() {
18             $("#tit").animate({
19               top : "200px"
20             },5000)
21           });
22         });
23       </script>
24     </head>
25     <body>
26       <header id = "tit">Título del artículo</header>
27     </body>
28   </html>
```

Ejemplo 4.55. Animaciones con jQuery.

Veamos en detalle este ejemplo:

- En las líneas 12 a 14, se incluye la librería jQuery.

- En la línea 16 se emplea el método *ready()*, que se ejecuta cuando se carga la página. Es equivalente a usar el evento *window.onload,* utilizado en ejemplos anteriores.

- En las líneas 17 a 22 podemos ver cómo asociar eventos a funciones usando jQuery. En jQuery es posible seleccionar elementos a partir de expresiones CSS o Xpath, en lugar de usar las funciones para buscar por *id* o por clase que hemos usado hasta ahora. En la línea 10, con $("#tit") se selecciona el elemento con *id* = tit, y con el método *on*() se asocia el evento *click* con una función anónima. Al pulsar con el ratón sobre el elemento con *id* = 'tit', este se desplaza hacia abajo porque cambia el valor de la propiedad *top*. El movimiento durará cinco mil milisegundos.

4.11.3. Efectos especiales en elementos gráficos y texto

Además de mover elementos por la pantalla, es posible cambiar (casi) cualquier propiedad CSS con el método *animate*(), como se puede ver en el siguiente ejemplo. jQuery también tiene métodos para ocultar y mostrar elementos de la página.

```
1   <!DOCTYPE html>
2   <html>
3     <head>
4       <title>Efectos especiales con jQuery</title>
5       <meta charset="UTF-8">
6       <style>
7         #tit {
8           background-color: yellow;
9           height: 100px;
10          width: 200px;
11        }
12      </style>
13      <script
14       src="https://code.jquery.com/jquery-3.7.1.js">
15      </script>
16      <script>
17      $(document).ready(function(){
18                  $("#tit").on('click', function() {
19                      $("#tit").animate({
20                          height: 400 ,
21                          width: 400,
22                          fontSize: "3em"
23                      },5000)
24                  });
25      });
26      </script>
27    </head>
28    <body>
29      <div id = "tit">Texto que crece</div>
30    </body>
31  </html>
```

Ejemplo 4.56. Efectos especiales con jQuery.

La siguiente imagen muestra cómo van creciendo el recuadro y el texto.

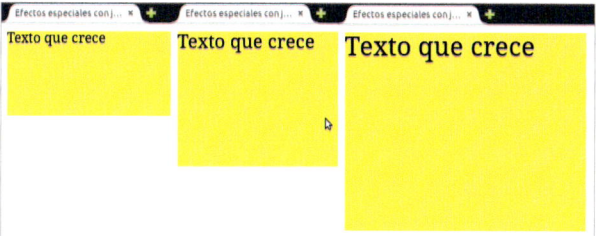

Ilustración 4.13. Efectos especiales con jQuery.

4.11.4. Rejillas de datos

Las rejillas de datos (*data grid*) muestran datos en formato tabular. Suelen permitir editar campos, añadir/suprimir filas y ordenarlas por un campo en concreto. Normalmente obtiene los datos de una base de datos, en la que se salvan los cambios que se hagan en la rejilla.

Hay muchos *plugins* de jQuery para rejillas de datos. En la siguiente imagen se muestra un pequeño ejemplo realizado con el *plugin simple-data-grid*.

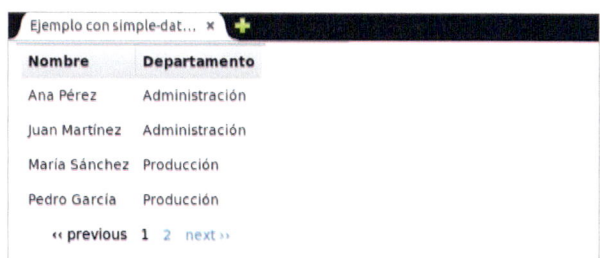

Ilustración 4.14. Rejilla de datos con *simple-data-grid*.

4.11.5. Manejo de canales de suscripción (RSS)

Mediante los canales de suscripción o fuentes (en inglés, *feeds*), una página puede sindicar o redifundir sus contenidos. Los usuarios pueden suscribirse a un canal usando un agregador. Algunos agregadores populares son Feedbro y LiveMarks, disponibles como complemento para Firefox y otros navegadores. Los agregadores se encargan de controlar si hay nuevo contenido en el canal y lo notifican al usuario. De esta manera, el usuario evita tener que comprobarlo por sí mismo.

También es posible incluir contenido sindicado en nuestra página web utilizando un programa apropiado en el cliente o en el servidor. Para el lado del servidor, hay librerías para los lenguajes habituales y extensiones en los CMS más extendidos. En el lado del cliente hay muchas librerías de JavaScript para facilitar la tarea.

En el siguiente ejemplo se utiliza FeedEk, un *plugin* de jQuery muy sencillo de usar. Solo hay que incluir jQuery y el propio FeedEk. Para cargar la fuente se usa la función *FeedEk()*, que recibe como argumento la URL correspondiente. En este caso muestra el último BOE.

```
01   <<!DOCTYPE html>
02   <html>
03     <head>
04       <title>Sindicación de contenidos</title>
05       <script src="https://code.jquery.com/jquery-3.7.1.min.js">
06       </script>
07       <script src="./FeedEk.min.js"></script>
08       <meta charset="UTF-8">
09     </head>
10     <body>
11       <div id="noticias"></div>
12       <script>
13         $(document).ready(function () {
14           $('#noticias').
15             FeedEk({ FeedUrl :'https://www.boe.es/rss/boe.php'});
16         });
17       </script>
18     </body>
19   </html>
```

Ejemplo 4.57. Lectura de RSS con jQuery.

El resultado en el navegador será:

- Sumario
  30/12/2023
  Sumario del diario núm. 313, correspondiente al sábado 30 de diciembre de 2023. - Referencia: BOE-S-2023-313 - KBytes: 464
- Orden HFP/1414/2023, de 27 de diciembre, por la que se aprueban las normas sobre los gastos subvencionables de los programas financiados por el Fondo Europeo de Desarrollo Regional y del Fondo de Transición Justa para el período 2021-2027.
  30/12/2023
  I. Disposiciones generales - MINISTERIO DE HACIENDA Y FUNCIÓN PÚBLICA - Fondo Europeo de Desarrollo Regional. Fondo de Transición Justa - Referencia: BOE-A-2023-26738 - KBytes: 275 - Páginas: 12
- Orden HFP/1415/2023, de 28 de diciembre, por la que se aprueba el modelo 379 "Declaración informativa sobre pagos transfronterizos" y se determinan la forma y procedimiento para su presentación.
  30/12/2023
  I. Disposiciones generales - MINISTERIO DE HACIENDA Y FUNCIÓN PÚBLICA - Impuestos - Referencia: BOE-A-2023-26739 - KBytes: 224 - Páginas: 6
- Resolución de 29 de diciembre de 2023, de la Presidencia del Comisionado para el Mercado de Tabacos, por la que se publican los precios de venta al público de determinadas labores de tabaco en Expendedurías de Tabaco y Timbre del área del Monopolio.
  30/12/2023
  I. Disposiciones generales - MINISTERIO DE HACIENDA Y FUNCIÓN PÚBLICA - Tabaco. Precios - Referencia: BOE-A-2023-26740 - KBytes: 249 - Páginas: 4
- Orden TED/1416/2023, de 26 de diciembre, por la que se aprueba la propuesta para la inclusión de seis espacios marinos protegidos en la lista de lugares de importancia comunitaria de la Red Natura 2000 y se declaran dos zonas de especial protección para las aves en aguas marinas españolas.
  30/12/2023
  I. Disposiciones generales - MINISTERIO PARA LA TRANSICIÓN ECOLÓGICA Y EL RETO DEMOGRÁFICO - Espacios naturales protegidos - Referencia: BOE-A-2023-26741 - KBytes: 1861 - Páginas: 20

Ilustración 4.15. Canal de noticias.

Los formatos más extendidos son RSS y Atom, ambos basados en XML. RSS es más antiguo y es habitual usar el término RSS para hablar de canales de suscripción en general, aunque usen otro formato.

4.11.6. Descripción de las técnicas de acceso asíncrono (AJAX)

AJAX es un acrónimo para *Asynchronous JavaScript And XML*. Usando AJAX las páginas pueden realizar peticiones al servidor sin tener que recargar toda la página. Cuando el servidor devuelve la información, el *script* que la solicitó se encarga de presentarla a través de las funciones de manejo del DOM.

La petición se realiza de manera asíncrona. Esto quiere decir que la ejecución del *script* no se bloquea hasta que el servidor responde. Cuando se produce la respuesta, se llama a la función indicada. Mientras tanto, la página sigue funcionando con normalidad.

En el siguiente ejemplo se utiliza AJAX para comprobar cada cinco segundos el número de entradas disponibles. Podría usarse para la página de un cine o algo parecido.

```
1    <!DOCTYPE html>
2    <html>
3      <head>
4        <title>AJAX con jQuery</title>
5        <meta charset="UTF-8">
6        <script src="jquery-3.7.1.js"></script>
7      </head>
8      <body>
9      <script>
10     function consultarEntradas(){
11         $.ajax({
12             type: "GET",
13             url: "disponibles.php"
14         })
15         .done(function( msg ) {
16             $("#num").text(msg);
17         });
18     }
19     setInterval(consultarEntradas,3000);
```

```
20          </script>
21      Número de entradas disponibles: <div id = "num"> </div>
22      </body>
23  </html>
```

Ejemplo 4.58. AJAX con jQuery.

Explicación:

- En las líneas 10 a 18 se define la función *consultarEntradas()*. Usa el método *ajax()* de jQuery.

- En las líneas 12 y 13 especifica que solicitará la URL disponibles.php usando el método GET. La URL es relativa, el fichero disponibles.php tendrá que estar en la misma carpeta del servidor de la página.

- Al llamar a disponibles.php, el servidor consultará la base de datos de entradas para ver cuántas quedan. Esa será la respuesta para el cliente.

- En las líneas 15 a 17 aparece el método *done()*. Este método se ejecutará cuando el servidor responda y el argumento que recibe es la respuesta del servidor.

- En la línea 16 se asigna el texto devuelto al elemento con *id* = 'num'. El método *text()* de jQuery accede a la propiedad *innerHTML*.

- En la línea 19 se utiliza la función *setInterval()* para hacer que la función *consultarEntradas()* se ejecute cada cinco segundos. Por tanto, cada cinco segundos habrá una comunicación con el servidor y se actualizará el *div* con *id* = 'num'. Ocurrirá sin que se recargue la página, solo cambia ese elemento.

- Este ejemplo no funcionará si se abre directamente en el navegador. Habría que usar un servidor web en el que además tendría que estar el fichero disponibles.php.

4.11 7. Uso de lenguajes de guion en dispositivos móviles

Actualmente, los navegadores para teléfonos móviles pueden ejecutar JavaScript sin limitaciones respecto a un ordenador de sobremesa, así que no hay que preocuparse de hacer versiones específicas como hasta hace pocos años. De hecho, existen librerías que usan JavaScript para crear interfaces de usuario avanzadas para móviles. Por ejemplo, jQuery Mobile tiene *widgets* y controles pensados para manejarse con la mano en lugar de con un ratón.

4.12. Entornos integrados (*frameworks*) para el desarrollo con lenguajes de guion

Para desarrollar pequeños programas es posible usar simplemente un editor de texto y depurar los errores usando la consola y las herramientas básicas del navegador. A medida que los programas crecen, este enfoque es ineficiente y conviene usar un entorno de desarrollo integrado (IDE) que ofrezca editores avanzados y otras utilidades para el desarrollo. Integran editores, compiladores y diversas herramientas dentro de una misma aplicación.

4.12.1. Características de los entornos de uso común. Comparativa

Entre las herramientas habituales de los entornos de programación podemos citar:

- Editores de texto avanzados.

- Compiladores o intérpretes.

- Depuradores.

- Control de versiones.

- Constructores de interfaces gráficas.

- Navegadores de clases u objetos.

Hay un gran número de entornos interesantes disponibles, con enfoques, ventajas e inconvenientes propios. Algunos de especial interés para el desarrollador web son:

- **Eclipse**. Es uno de los IDE más extendidos. Aunque originalmente se pensó para programar en Java, se puede usar para otros muchos lenguajes mediante *plugins*. No es fácil de usar para principiantes.

- **Aptana**. Es un IDE basado en Eclipse pero adaptado al desarrollo web. Integra también el desarrollo en lado del servidor.

- **Geany**. Es un pequeño IDE multiplataforma y de código abierto. No tiene tantas herramientas como los editores avanzados, pero a cambio es más ligero y fácil de usar.

- **Visual Studio**. Es un IDE de Microsoft con soporte para múltiples lenguajes y plataformas.

4.12.2. Editores avanzados

Los editores de texto de los entornos integrados están pensados para la programación y, por tanto, incorporan algunas características específicas:

- Coloreado de sintaxis (*syntax highlighting*). Consiste en mostrar el texto en diferentes colores según se trate de palabras reservadas, comentarios, variables… Aunque pueda parecer poco importante, es una gran ayuda para programar. Habitualmente los entornos permiten configurar los colores.

- Autocompletado. Esta característica también está extendida entre los editores normales. Al empezar a escribir una palabra, el editor ofrece opciones basadas en las clases y métodos disponibles en el leguaje o las variables presentes en el programa.

- Formateo del código. Como hemos visto en los ejemplos a lo largo del libro, en los programas es habitual indentar el código y en general escribir de manera que se facilite la lectura. Los editores de los IDE suelen tener una función de autoformato.

Un buen editor de código es fundamental, programar en un editor básico se hace muy pesado. De hecho, no es raro usar editores de texto con estas funcionalidades, pero no otras más avanzadas propias de un entorno de desarrollo, para programas no muy grandes. Algunas opciones son:

- Notepad++. Es un editor de texto para Windows. Su principal característica es que incluye coloreado de sintaxis para los lenguajes más habituales. Además, es fácil extenderlo a nuevos lenguajes.

- Sublime Text. Es un editor de texto multiplataforma. Tiene *plugins* para adaptarlo a diversos lenguajes y más funcionalidades que Notepad++.

4.12.3. Funcionalidades de validación y depuración de código

Las herramientas de validación (conocidas como herramientas Lint) analizan el código y avisan de posibles problemas o ineficiencias. En el contexto del desarrollo web, la validación también puede referirse a la conformidad de los ficheros HTML y CSS al estándar, lo que habitualmente se hace utilizando los validadores *online* correspondientes del W3C. Los entornos de desarrollo web, como Aptana o Eclipse con el *plugin* adeacuado, integran esta utilidad.

La depuración de código es el proceso de prueba y eliminación de errores de un programa. Es una tarea difícil que se simplifica usando un buen depurador (*debugger*). Los depuradores permiten:

- Establecer puntos de ruptura.

- Ejecutar el código paso a paso.

- Observar el valor de las variables del programa.

La eliminación de errores es una de las tareas que más tiempo requiere a los programadores, así que contar con un buen depurador es fundamental.

4.12.4. Técnicas para la documentación del código

Es posible generar documentación automáticamente usando una herramienta apropiada. En general, se basa en las declaraciones (de funciones, clases, módulos...) y los comentarios presentes en el código.

Para JavaScript se puede usar JSDoc, similar a JavaDoc y PHPDocumentor. Genera documentación en HTML a partir de ciertos comentarios y etiquetas especiales presentes en el código. En la documentación aparecerán los comentarios que empiecen por '/**' (en lugar de '/*').

```
/** Descripción de la función */
function f(){
…
}
```

Además, se pueden crear etiquetas especiales para añadir más información. Por ejemplo, si se trata de un constructor, se indica con la etiqueta apropiada:

```
/** Constructor de fracciones
@constructor
 */
function Fraccion(numerador, denominador){
…
}
```

4.12.5. Utilidades adicionales para la realización de contenidos dinámicos. Extensiones útiles de navegadores

Los navegadores incluyen por defecto algunas herramientas útiles para el desarrollo. Entre sus características habituales podemos destacar:

- Es posible inspeccionar cualquier elemento de la página simplemente seleccionándolo con el ratón.

- Una vez seleccionado un elemento, es posible modificar sus atributos y sus propiedades de presentación y ver el resultado sin necesidad de recargar la página.

- Análisis del tráfico de red.

- Depuración de código.

- Análisis de rendimiento (*profiler*).

4.12.6. Entornos de desarrollo específicos: desarrollo de dispositivos móviles

Con la aparición de los *smartphones* y tabletas han surgido también entornos y extensiones adaptados. Firefox ofrece, dentro de las herramientas instaladas por defecto, la llamada vista de diseño adaptable para que podamos probar las páginas con diferentes tamaños y orientaciones de pantalla.

Eclipse, como otros entornos, también tiene extensiones para desarrollar aplicaciones para móviles. Utilizando un emulador, es posible probar las aplicaciones de manera realista. En la siguiente imagen podemos ver el emulador de Android de Eclipse. Utilizando el ratón se manejan el teclado y los menús del teléfono.

Ilustración 4.16. Emulador de Android de Eclipse.

TEST TEMA 4

4.1. **¿Qué etiqueta se usa para incluir código JavaScript en una página?**

a) <script>.

b) <link>.

c) <JavaScript>.

4.2. **Las excepciones sirven, en general, para controlar:**

a) Errores lógicos.

b) Errores de ejecución.

c) Errores de sintaxis.

4.3. **Marca la afirmación que consideres correcta sobre las *cookies*:**

a) Son un buen método para almacenar gran cantidad de datos en el cliente.

b) Se pueden manipular tanto desde el cliente como el del servidor.

c) No hay límite en el número de *cookies* que un servidor puede almacenar en un cliente.

4.4. **Marca la afirmación que consideres correcta sobre el almacenamiento DOM:**

a) Los datos se almacenan en un formato clave/valor.

b) No hay límite en la cantidad de datos que se pueden guardar.

c) Se puede manejar tanto desde el cliente como del servidor.

4.5. **El método *splice()* se usa para:**

a) Insertar elementos en un *array*.

b) Eliminar elementos de un *array*.

c) Las dos cosas.

4.6. **En JavaScript las variables:**

a) No tienen ningún tipo de dato concreto.

b) Tienen un tipo de dato que puede cambiar a lo largo de la ejecución del programa.

c) Tienen un tipo de dato que no puede cambiar a lo largo de la ejecución del programa.

4.7. El método *sort()* se usa para:

a) Ordenar alfabéticamente *arrays* de cadenas.

b) Ordenar *arrays* de números.

c) Ordenar cualquier tipo de dato según la función que recibe como parámetro.

4.8. En la propagación de eventos:

a) Los elementos más internos tienen prioridad sobre los externos.

b) Los elementos más externos tienen prioridad sobre los internos.

c) Se puede especificar la prioridad con el método *addEventListener()*.

4.9. La delegación de eventos consiste en:

a) Dejar que el navegador se ocupe de los eventos.

b) Que los eventos generados en un elemento sean gestionados por uno de sus antecesores.

c) Que los eventos generados en cualquier elemento sean gestionados por el elemento raíz.

4.10. AJAX se utiliza para:

a) Establecer comunicación con un servidor sin tener que recargar la página.

b) Manipular el DOM.

c) Incluir animaciones en una página.

EJERCICIOS TEMA 4

4.1. Modifica el ejemplo 4.30 para comprobar que el nombre introducido en el formulario sea una cadena de más seis caracteres y contenga al menos un espacio.

4.2. Modifica los ejemplos 4.37 y 4.38 para que incluyan un botón que borre el nombre de usuario almacenado.

4.3. Escribe una página que contenga:

- Un vínculo a una página de tu elección.

- Una casilla de verificación.

  A continuación, escribe el código JavaScript necesario para que cuando la casilla esté marcada el vínculo se abra en ventana nueva, y cuando no, en la misma ventana.

4.4. Escribe una página que contenga:

- Una imagen.

- Dos botones: uno para ocultar la imagen y otro para mostrarla.

4.5. Escribe una página con:

- Un campo de texto.

- Un botón.

Al pulsar el botón, debe mostrar una alerta con el texto introducido.

4.6. Escribe una página con:

- Un campo de texto.

- Un botón.

Al pulsar el botón, debe cambiar el color de fondo de la página al color indicado en el campo de texto.

4.7. Escribe una página con:

- Una lista desplegable con los valores 'red', 'blue' y 'yellow'.

Al cambiar el valor seleccionado en la lista, debe cambiar el color de fondo de la página.

4.8. Escribe una página con un formulario con dos campos de texto y que permita realizar estas operaciones:

- Encontrar el texto más largo de los introducidos en los dos campos de texto.

- Concatenarlos.

  Para seleccionar la operación que hay que realizar, se puede usar una lista desplegable, botones de radio o botones.

  En ambos casos:

  — Se informará del resultado de la operación añadiendo un nuevo párrafo dentro de un *div* de resultados que se situará en la parte de abajo de la página. Los resultados anteriores no deben borrarse.

  Si alguno de los campos está vacío, se considerará un error y se comunicará mediante una alerta.

4.9. Modifica el ejemplo 4.53 para que se llame a la función *factorial()* pulsando un botón. El argumento de la función se introducirá en una caja de texto.

4.10. Escribe una página que contenga un formulario con las siguientes características: Pide al usuario su nombre, su edad y NIF. Al pulsar el botón de envío, se deben realizar las siguientes comprobaciones:

- No hay ningún campo vacío.

- La edad es un número y está entre 18 y 120.

- El NIF tiene 10 caracteres y uno de ellos es un guion ('-').

- Si hay algún error, hay que mostrar al usuario una alerta con un mensaje adecuado al error concreto que haya ocurrido.

- Si todo va bien, los datos del formulario se pasan a falso.php mediante el método "GET". Si hay algún error en los datos, no se llama a falso.php.

4.11. Modifica el ejemplo 4.36 para que tenga una caja de texto adicional, en la que el usuario tendrá que especificar un número. Ese número será el número inicial para empezar a rellenar la matriz (en el ejemplo, la matriz se empieza a rellenar con un cero).

4.12. Modifica el ejemplo 4.37 usando la librería JSCookie. https://www.npmjs.com/package/js-cookie.

4.13. Modifica el ejemplo 4.43 para que el texto introducido por el usuario se añada al existente, en lugar de sustituirlo.

4.14. Modifica el ejemplo 4.44 para sustituir los dos botones por botones de radio.

4.15. Crea una página web con una imagen y dos botones de radio, con textos "Mostrar" y "No mostrar". Escribe el código JavaScript adecuado para que la imagen se vea solo cuando esté seleccionado el botón con texto "Mostrar".

5. Contenidos multimedia

Contenido

5.1. Definición de multimedia. Tipos de recursos multimedia

5.2. Inclusión de contenido multimedia en páginas web

5.2. Gráficos multimedia

5.3. Audio

5.5. Vídeo

5.6. Animaciones multimedia

5.7. Elementos interactivos

En este capítulo se describen los formatos multimedia más habituales y cómo insertarlos en una página web. Además, veremos algunos programas útiles para transformar y editar este tipo de contenidos, ya que es habitual que los desarrolladores web tengan que realizar ciertas operaciones sobre ellos, como por ejemplo:

- Retocar una imagen para cambiar el tamaño o recortarla.

- Cambiar el formato de un fichero.

- Recortar un fragmento de un vídeo o audio excesivamente largo.

5.1. Definición de multimedia. Tipos de recursos multimedia

El contenido multimedia es aquel que utiliza diversos medios para comunicar una información. Los medios o tipos de contenido son:

- Texto.

- Audio.

- Imágenes.

- Animaciones.

- Vídeo.

- Elementos interactivos.

5.2. Inclusión de contenido multimedia en páginas web

Los navegadores están preparados para reproducir cierto tipo de contenidos. Para otros formatos es necesario usar adaptadores o *plugins*, como se comentó en el capítulo 2.

5.2.1. Adaptadores para recursos multimedia

Hasta hace unos años era habitual instalar en los navegadores *plugins* específicos para diferentes formatos de audio, vídeo y animaciones. Desde la aparición de HTML5, los formatos aceptados por los navegadores se han estandarizado y la mayoría de los navegadores pueden reproducir los formatos más extendidos de manera nativa, sin necesidad de adaptadores. De cualquier manera, dependiendo del navegador, también es posible que se necesite un adaptador para audio o vídeo en determinados formatos. Si el navegador no tiene el adaptador adecuado, no podrá reproducir el contenido.

5.2.2. Enlace a diferentes recursos desde páginas web

Es posible vincular cualquier tipo de contenido mediante el elemento de HTML *a*. La ruta correspondiente se indica mediante el atributo *href*, como en cualquier otro hipervínculo.

```
<a href = 'sonido.mp3'>Pulsa para escuchar el sonido</a>
```

Al pulsar el vínculo, el navegador intentará reproducirlo ya sea de manera nativa, mediante un adaptador o usando una aplicación instalada en el cliente (ver apartado 2.4.2).

5.2.3. Incrustación de contenido multimedia

En HTML5 aparecieron dos nuevos elementos, *audio* y *video*, para la reproducción de contenido multimedia. Con estas etiquetas es posible reproducir audio y vídeo sin necesidad de adaptadores. Para incrustar contenido que requiere un adaptador, se usan los elementos *embed* y *object*.

A la hora de usar los elementos *audio* y *video,* hay que tener en cuenta lo siguiente:

• Los navegadores antiguos no los reconocerán.

• Cada navegador es capaz de reproducir solo algunos formatos (lo que puede cambiar de versión a versión del navegador).

La siguiente tabla muestra qué formatos de vídeo son compatibles sin adaptadores con los navegadores más habituales.

Tabla 5.1. Formatos de video y navegadores

	Firefox	*Edge*	*Chrome*	*Safari*	*Opera*
MP4	Sí	Sí	Sí	Sí	Sí
WebM	Sí	Sí	Sí	Sí	Sí
Ogg	Sí	Sí	Sí	No	Sí

Para evitar problemas de compatibilidad, se puede usar más de un formato para el mismo vídeo. Tendremos que tener los dos ficheros disponibles en el servidor y usar dos elementos *source* dentro del elemento *video*. El elemento *source* tiene dos atributos, *src* para indicar la ruta al fichero y *type* para que el navegador sepa qué tipo de fichero tiene que reproducir. El navegador utilizará la primera opción con un formato que entienda.

```
<video controls>
  <source src="fichero.mp4" type="video/mp4">
  <source src="fichero.ogg" type="video/ogg">

  Su navegador no soporta el elemento video
</video>
```

Ejemplo 5.1. Elemento *video*.

Lo mismo se pude decir del audio. Es habitual usar dos formatos para el mismo archivo para evitar problemas en diferentes navegadores.

```
<audio controls>
  <source src="fichero.ogg" type="audio/ogg">
  <source src="fichero.mp3" type="audio/mpeg">

  Su navegador no soporta el elemento audio
</audio>
```

Ejemplo 5.2. Elemento *audio*.

Tabla 5.2. Formatos de audio y navegadores

	Firefox	Edge	Chrome	Safari	Opera
MP3	Sí	Sí	Sí	Sí	Sí
Wav	Sí	Sí	Sí	Sí	Sí
Ogg Vorbis	Sí	Sí	Sí	No	Sí

Atributos de *audio* y *video*

En los dos ejemplos anteriores aparece el atributo booleano *controls*. Si se usa, el navegador mostrará unos controles para manejar el vídeo o el audio. Si no se usa, el usuario no podrá controlar la reproducción (a no ser que se creen otros controles mediante JavaScript). En el caso del audio, si no se usan los controles el elemento no aparecerá representado. Es posible hacer que la reproducción empiece automáticamente usando el atributo booleano *autoplay*. Por ejemplo, podríamos añadir música a una página web de esta manera:

```
<audio autoplay loop>
  <source src="fichero.ogg" type="audio/ogg">
  <source src="fichero.mp3" type="audio/mpeg">
</audio>
```

Ejemplo 5.3. Audio que suena en bucle.

El atributo booleano *loop* hace que el audio/vídeo vuelva a reproducirse una vez acabe. Este tipo de sonido de fondo no suele ser bien recibido por los usuarios, así que conviene pensar detenidamente si queremos usarlo, sobre todo, si no hay algún tipo de control para pararlo.

La siguiente tabla muestra los atributos disponibles en las etiquetas *audio* y *video*. Ambos elementos tienen una serie de atributos comunes, y *video* tiene algunos adicionales.

Tabla 5.3. Atributos de *audio* y *video*

Atributo	Valores posibles	Descripción
src	Una URL. Si se usa, se ignoran los elementos *source*	Ruta al fichero con el audio/vídeo
controls	Atributo booleano	Muestra controles para manejar el audio/vídeo
loop	Atributo booleano	Reproduce el audio/vídeo en continuo
autoplay	Atributo booleano	Empieza a reproducir el audio/vídeo cuando se carga la página
preload	*none:* no carga el elemento hasta que se inicia la reproducción *metadata:* carga metadatos *auto:* carga el fichero con la página	Elige si el fichero se carga a la vez que la página o solo cuando vaya a reproducirse
mute	Atributo booleano	Solo para vídeo. Si está presente el vídeo, se reproduce sin sonido
poster	Una URL	Solo para vídeo. Imagen que se muestra dentro del reproductor cuando el vídeo no se está reproduciendo
height	Un número entero no negativo	Solo para vídeo. Altura del reproductor de vídeo en píxeles
width	Un número entero no negativo	Solo para vídeo. Anchura del reproductor de vídeo en píxeles

Elemento *embed*

Representa un punto de integración para una aplicación externa o contenido interactivo.

```
<embed width="600" height="300" src="anuncio.swf" type =
"application/x-shockwave-flash" quality = 'low'>
```

La ruta al contenido que se quiere incluir se indica en *src*. En el ejemplo anterior, al final de la etiqueta aparece un parámetro, *quality*, para el adaptador que se encargue de reproducir el contenido. No se trata de un atributo HTML, sino de información para el adaptador que se encarga de reproducir el contenido.

Tabla 5.4. Atributos de *embed*

Atributo	Valores	Descripción
src	Una URL	La URL en que se encuentra el contenido
type	Un tipo MIME	El tipo de contenido
height	Un entero no negativo	La altura en píxeles de la caja en que se mostrará el contenido
width	Un entero no negativo	La anchura en píxeles

Etiqueta *object*

Es similar a la anterior. El texto entre las etiquetas se muestra si el navegador no tiene un adaptador apropiado para el tipo de contenido. Para pasar parámetros al adaptador hay que usar un elemento *param*, como se puede ver en el ejemplo.

```
<object width="600" height="300" data="anuncio.swf" type =
"application/x-shockwave-flash">
        <param name="quality" value="low">
        Su navegador no soporta Flash
</object>
```

Tabla 5.5. Atributos de *object*

Atributo	Valores	Descripción
data	Una URL	La URL en que se encuentra el contenido
type	Un tipo MIME	El tipo de contenido

Atributo	Valores	Descripción
height	Un entero no negativo	La altura en píxeles de la caja en que se mostrará el contenido
width	Un entero no negativo	La anchura en píxeles
form	Nombre de un formulario	Se usa si el elemento es parte de un formulario
name	Una cadena	El nombre que recibe el elemento dentro del formulario
usemap	El atributo name de un elmemento *map*	Sirve para asociarlo con un mapa (ver 5.6.2)

5.2.4. Formatos de fichero web. El estándar MIME

Para que los navegadores puedan identificar el tipo de contenido, se usa el estándar MIME, que define los tipos de medio en internet. Están compuestos por tipo, subtipo y parámetros opcionales. En las siguientes tablas podemos ver algunos ejemplos para cada tipo de medio:

Tabla 5.6. Tipos MIME

Tipo *audio*
audio/vorbis
audio/mp4
audio/ogg
Tipo *imagen*
image/jpeg
image/gif
image/png
Tipo *video*
video/webm
video/ogg
video/mp4
Tipo *application*
application/pdf
application/x-shockwave-flash
application/rss+xml
Tipo *text*
text/html
text/css
text/javascript

5.2.5. Tipos de reproducción. *Streaming* y carga progresiva

Con la carga progresiva se inicia una descarga normal por HTTP. Se guarda una copia temporal del vídeo (o contenido) descargado en el ordenador del cliente. La reproducción comienza cuando hay disponible suficiente cantidad de información. Si a partir de ahí la descarga se realiza a un ritmo suficiente, el vídeo se verá sin problemas. Si el contenido descargado se reproduce antes de que se haya descargado más, la reproducción se detendrá hasta que haya más datos. Si el usuario vuelve acceder al mismo vídeo más tarde no le hará falta descargarlo mientras conserve el fichero temporal que se creó en la anterior descarga.

El *streaming* se conoce en español como 'transmisión o difusión en continuo'. Cuando el contenido se recibe en *streaming*, la emisión y la reproducción se producen en paralelo. Al llegar al cliente, el contenido se almacena en un *buffer* de memoria desde el que se va reproduciendo. No se almacena el archivo en el disco duro. Esto puede ser una ventaja, porque ahorra espacio, o un inconveniente, porque si se vuelve a acceder al contenido hay que volver a descargarlo. Con el *streaming* el usuario puede saltar a la parte del vídeo/audio que le interese sin necesidad de descargar el resto.

5.2.6. Comparativa del tratamiento de contenido multimedia en diferentes versiones de lenguajes de marcado de páginas

Hasta HTML5 el audio y el vídeo no podían reproducirse directamente por los navegadores. Anteriormente la manera preferida para incluir vídeos en una página web era usando Flash mediante las etiquetas *object* y *embed* y un adaptador apropiado. Este es uno de los cambios más señalados cuando se citan las diferencias entre HTML5 y las versiones anteriores.

Si queremos asegurarnos de que una página se verá en navegadores no actualizados, habrá que incluir ambas posibilidades:

```
<video controls>
    <source src="fichero.mp4" type="video/mp4">
    <source src="fichero.ogg" type="video/ogg">
    <object data="fichero.mp4" type = "video/mp4"></object>
</video>
```

Si el navegador no entiende la etiqueta *video,* intentará mostrar el contenido de *object*.

5.3. Gráficos multimedia

En esta sección se tratan los formatos gráficos más habituales en la web. De la multitud de formatos que existen para almacenar imágenes solo unos pocos son soportados de manera nativa por la mayoría de los navegadores.

5.3.1. Formatos gráficos. Comparativa

Los formatos gráficos más habituales en la web son:

* GIF (*Graphics Interchange Format*). Usa una paleta de colores de 8 bits (256 colores) por lo que es apropiado para imágenes de baja resolución, como diagramas. Admite animaciones.

* PNG (*Portable Network Graphics*). Es un formato sin pérdida, gratuito y de código abierto. Excepto para imágenes pequeñas, el tamaño del fichero será menor que con el formato GIF. Admite animaciones, pero a través de extensiones no oficiales.

* JPEG. Es un formato de compresión con pérdida muy extendido. Se puede regular la calidad de la compresión a costa del tamaño del fichero resultante. De esta manera, se pueden conseguir tamaños de fichero menores que en los dos casos anteriores.

* SVG (*Scalable Vector Graphics*, gráficos vectoriales escalables), para gráficos vectoriales. Es un estándar del W3C basado en XML. La mayoría de los navegadores actuales pueden mostrar el contenido SVG sin complementos externos.

5.3.2. Repositorios de imágenes

No siempre es posible generar las imágenes que se quieren incluir en una página web. Afortunadamente existen repositorios de imágenes donde se almacenan gran cantidad de imágenes que se pueden usar en cualquier diseño web. En ocasiones hay que pagar por usarlas, pero también hay repositorios con gran cantidad de imágenes gratuitas. En cualquier caso, hay que leer con detenimiento la licencia de las imágenes de cada repositorio para no tener problemas.

* http://www.freeimages.com. Es uno de los repositorios más conocidos, con miles de imágenes de alta calidad de temáticas diversas.

* http://www.kavewall.com. Este sitio incluye texturas además de imágenes. Las imágenes de alta resolución hay que pagarlas.

* Pexels. Imágenes y vídeos gratuitos, aunque con ciertas restricciones de uso.

- Flickr. Se trata de uno de los mayores sitios para compartir fotos. Tiene una herramienta de búsqueda que permite localizar las imágenes que tengan licencia Creative Commons.

5.3.3. Tipos de gráficos: fotografías, imágenes vectorizadas e iconos

La manera más habitual de representar una imagen o fotografía es mediante un conjunto de píxeles. Estas imágenes se llaman imágenes en mapa de bits (*bitmaps*) o imágenes *raster*.

Las imágenes se representan como un rectángulo, dividido a su vez en pequeños cuadrados o píxeles. Para cada uno de esos píxeles, se especifica el color. El número de bits que se usa para el color de cada píxel se llama *profundidad de color*.

Imágenes vectorizadas

Las imágenes vectoriales están formadas por figuras geométricas básicas como segmentos, círculos o elipses. Cada una de estas figuras está descrita por una serie de parámetros. Por ejemplo, para una elipse se indican su centro, sus radios y el color de relleno.

Ventajas:

- La principal ventaja es que con las imágenes vectorizadas no se pierde resolución al agrandar la imagen.

- Aunque depende del caso, en general ocupan menos espacio porque solo tienen que describir los objetos en lugar de cada píxel.

Desventajas:

- Para visualizarlas en pantalla las imágenes vectorizadas tienen que ser convertidas a píxeles.

- En general, no son apropiados para fotografías. Si pensamos, por ejemplo, en una fotografía de un bosque, o de una calle de una ciudad, es muy complejo describirlas a base de formas geométricas básicas. Son más apropiadas para dibujos.

Uno de los formatos más extendidos para este tipo de imágenes es SVG (*Scalable Vector Graphics*), un formato basado en XML compatible con HTML5.

Iconos

Los iconos son pequeñas imágenes que representan elementos, acciones o formatos, y ayudan al usuario a interpretar el contenido de la página y navegar por ella. Un uso habitual es el *favicon* o icono de favoritos, que se usa como logo de un sitio web.

En muchos casos se usa el formato ICO, pero se pueden usar otros formatos habituales como JPEG o PNG.

5.3.4. Herramientas para el tratamiento gráfico. Filtros y tratamiento de imágenes

En un equipo de desarrollo pequeño, donde no se disponga de un diseñador gráfico, no es raro que el diseñador web tenga que encargarse de hacer pequeños retoques a las imágenes de una página.

Algunas herramientas para edición de imágenes son:

- **Paint**. Es una herramienta muy básica que viene por defecto en Windows. Puede servir para recortar una imagen, cambiar el formato o hacer pequeños retoques.

- **Photoshop**. Probablemente, la herramienta más completa para edición de imágenes. No es gratuita.

- **Gimp**. Es una herramienta gratuita y de código abierto. Aunque no tiene tantas funcionalidades como Photoshop, no es un programa básico como Paint.

Photoshop y Gimp incluyen muchos filtros para imágenes. Usándolos es posible aumentar la nitidez, aumentar el contraste o cambiar los colores de la imagen, entre otras muchas cosas.

5.3.5. Conversión de formatos gráficos

Para convertir formatos gráficos o imágenes de un formato a otro se puede usar cualquiera de las herramientas descritas en el punto anterior. También hay muchas herramientas *online* disponibles. Si se convierte a un formato con pérdida, como JPEG, hay que elegir la calidad del nuevo fichero. Según el formato al que se convierta, es posible que haya que especificar otros parámetros.

La ilustración muestra el cuadro de diálogo que aparece en Gimp al salvar una imagen como JPEG. Hay que indicar, entre otros parámetros, la calidad de la imagen transformada.

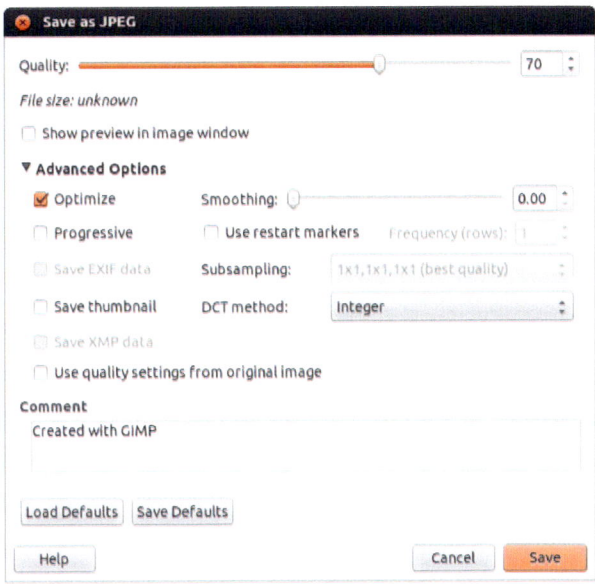

Ilustración 5.1. Opciones de Gimp para salvar como JPEG.

5.4. Audio

El audio es un elemento controvertido dentro del diseño web. Para empezar, no se puede confiar en que todos los usuarios tendrán altavoces o auriculares. Además, en determinados contextos puede eliminar causar un problema, por ejemplo, si está visitando la página desde su lugar de trabajo o en cualquier momento en que un sonido pueda resultar molesto o inadecuado.

5.4.1. Formatos de audio. Comparativa

Antes de comentar los formatos más extendidos, conviene hacer una aclaración sobre el término *formato*. Cuando se habla de formatos para archivos de audio y vídeo hay que diferenciar entre *codecs* y contenedores.

Los contendores agrupan todas las pistas (*streams*) y contienen información sobre cómo se organizan los datos y metadatos. Por ejemplo, en un fichero de vídeo puede haber una pista para el vídeo y varias para el audio, en diferentes idiomas. Además, también pude tener subtítulos y la información necesaria para sincronizar todas las pistas.

Los *codecs* son los programas que se encargan de codificar y decodificar cada una de esas pistas. Codifican para almacenar, transmitir o comprimir el fichero, y decodifican para reproducirlo. También suele usarse la palabra *codec* para referirse al formato que se usa para la codificación.

Aunque en principio un contenedor puede servir para muchos *codecs* y, de la misma manera, un *codec* podría usarse con diferentes contenedores, en la práctica el número de combinaciones es limitado.

Formatos de audio

Como el audio no ocupa en general demasiado tamaño, se admiten formatos con o sin pérdida.

- MP3. Uno de los formatos más extendidos para audio es MP3. Comprime el fichero recortando la información de las frecuencias menos perceptibles para las personas. Puede reducir el tamaño de un fichero de música a la décima parte manteniendo una calidad razonable.

- WAV. El formato WAVE, conocido como WAV por la extensión de los ficheros, es uno de los más antiguos y extendidos. Aunque pueden soportar compresión, la mayoría de las veces no se usa, por lo que suelen ser ficheros bastante grandes.

- Ogg Vorbis. Es un formato gratuito y de código abierto desarrollado por la Fundación Xiph.Org. Los creadores dicen que está libre de patentes. Empezó a desarrollarse cuando el Instituto Fraunhofer anunció que empezaría a cobrar una licencia a los programas que usaran MP3. Además del formato base existen varias versiones mejoradas. Lo usan los contenedores Ogg y WebM.

5.4.2. Reproductores de audio. Inserción en navegadores web

Aunque ya hemos visto que los navegadores ofrecen unos pequeños controles para el elemento audio, es posible que en ocasiones se requiera un reproductor más completo.

En esos casos habrá que optar entre desarrollar un reproductor propio (por ejemplo, usando JavaScript) o usar uno ya existente. Los hay gratuitos y de pago. En el segundo caso, suele haber una versión reducida gratuita y una de pago con funcionalidades avanzadas.

jPlayer es uno de los reproductores más interesantes. Es gratuito y de código libre, y está escrito en JavaScript usando la librería jQuery.

Algunas características destacables son:

- Funciona en los navegadores más extendidos para ordenadores y móviles.
- Soporte para: mp3, mp4 (AAC/H.264), ogg (Vorbis/Theora), WebM (Vorbis/VP8), wav.

- Se puede personalizar la apariencia mediante CSS.

- Solo ocupa 12 *kilobytes*.

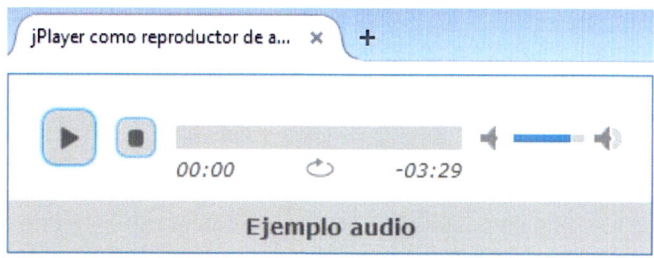

Ilustración 5.2. Aspecto de jPlayer como reproductor de audio.

5.4.3. Enlace o inserción de canales de audio

De manera similar a las fuentes de noticias, es posible integrar canales de audio en una web. Los detalles varían con cada caso, pero en general basta con copiar un trozo de código HTML en la página en la que queramos insertarlo. Suele incluir un *widget* con controles básicos. Este es el código necesario para incluir un *iframe* con los canales de música de Party Vibe Radio, una radio *online*.

```
<iframe style="border: 0px #FFFFFF none;" src="https://www.
partyviberadio.com/player-https/embed-auto-cassette/reggae.
html" name="embed" width="450px" height="225x" frameborder="1"
marginwidth="0px" marginheight="0px" scrolling="no"></iframe>
```

Ilustración 5.3. Reproductor de Party Vibe Radio.

5.4.4. Conversión de formatos audio

Como ya hemos comentado, para insertar audio en nuestras páginas necesitaremos incluir más de un formato. Podemos hacerlo con sencillas herramientas *online*. Por citar algunas:

- http://online-convert.com
- http://media.io/
- http://www.zamzar.com/

Al cambiar de formato es posible que haya que indicar también una serie de parámetros (resolución, tasa de muestreo, mono/estéreo). En función del formato de destino y los parámetros usados, el resultado final tendrá más o menos calidad y ocupará más o menos espacio. Hace falta algo de práctica para encontrar el punto deseado de calidad y compresión.

5.4.5. Herramientas para el tratamiento de sonido. Edición de fragmentos de audio

Audacity es una herramienta gratuita y de código abierto. No solo permite convertir ficheros de audio a otros formatos, sino que también puede usarse para grabar y editar audio. De hecho, tiene más funciones de las que un desarrollador web usará previsiblemente. Entre ellas:

- Es posible recortar un trozo de un fichero de audio de manera sencilla usando una interfaz gráfica.
- Eliminar ruidos de fondo.
- Aplicar filtros, potenciar bajos, ecualizar el sonido y otros efectos como eco o reverberación.
- Convertir a diversos formatos.

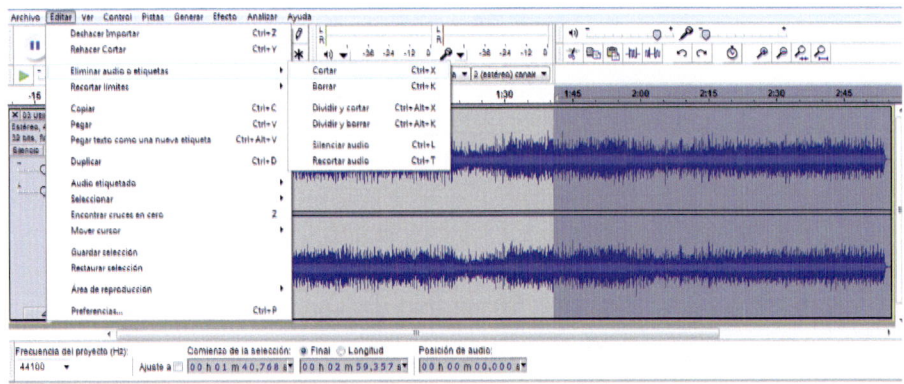

Ilustración 5.4. Edición de audio con Audacity.

5.5. Vídeo

Al contrario que con el audio, HTML5 solo soporta *codecs* con pérdida para vídeo, dado el ancho de banda requerido.

5.5.1. Formatos de vídeo. Calidad de vídeo y comparativa

- H.264. Es uno de los formatos de compresión de vídeo más habituales y se usa dentro del contendor MP4 entre otros.

- Theora. Gratuito, de código abierto y con pérdida. Es un *codec* para vídeo que normalmente se usa en conjunción con Vorbis para audio dentro del contenedor Ogg.

- WebM. Es un contenedor basado en Matroska. Solo admite vídeo comprimido con VP8 y audio comprimido con Vorbis. Es una definición muy restrictiva que se hizo con la intención de no confundir a los usuarios.

H.264 es reconocido generalmente como el mejor formato de vídeo, pero la mayoría de los usuarios apenas pueden percibir esa diferencia en calidad. Como contrapartida, es el único de los tres formatos citados que está sujeto a patentes.

5.5.2. Repositorios de vídeo

Los vídeos requieren en general mucho más espacio y ancho de banda que el resto de contenido de una página web. Por eso es habitual alojarlos en servidores especializados que además suelen incluir un reproductor propio y facilitar las tareas comunes como subida, conversión y reproducción en *streaming*.

5.5.3. Reproductores de vídeo. Inserción en navegadores web

Como vimos para el caso del audio en el apartado 5.3.2, hay reproductores para vídeo más sofisticados que los controles básicos que ofrecen los navegadores. De hecho, jPlayer también se puede usar como reproductor de vídeo.

Ilustración 5.5. jPlayer como reproductor de audio.

5.5.4. Enlace o inserción de canales de vídeo

Es posible insertar canales de vídeo en una página de manera similar a cómo vimos con el audio en el apartado 5.3.3. El ejemplo más habitual es insertar un vídeo de YouTube. La manera más sencilla de hacerlo es utilizar el código que proporciona YouTube (debajo del vídeo en Compartir -> Insertar).

```
<iframe width="560" height="315" src="http://www.youtube.com/
embed/qKbw-0FEv-0" frameborder="0" allowfullscreen></iframe>
```

También es posible coger la URL que aparece en *src* y usarla con los elementos *object* y *embed*:

```
<object width="420" height="315" data="http://www.youtube.com/
embed/qKbw-0FEv-0"></object>

<embed width="420" height="315" src="http://www.youtube.com/embed/
qKbw-0FEv-0>
```

5.5.5. Conversión de formatos de vídeo. Optimización

Es habitual ofrecer varias versiones del mismo vídeo con diferente calidad. Normalmente se muestra por defecto el vídeo de menor calidad y se añade un vínculo o botón para mostrarlo con una calidad mayor. También es frecuente hacer versiones de baja calidad optimizadas para dispositivos móviles, a los que se les supone conexiones peores y pantallas más pequeñas.

Para la conversión de vídeo hay herramientas *online* gratuitas (las páginas del apartado 5.3.4 también convierten vídeo). También se pueden usar los programas de la siguiente sección.

5.5.6. Herramientas de edición de vídeo. Creación de efectos y composición

Las herramientas de vídeo en general necesitan un equipo potente para funcionar de manera fluida. Además, no son sencillas de usar. Más allá de recortar un vídeo o cambiar de formato, hace falta bastante práctica para poder manejarlas.

• Avidemux. Es un proyecto multiplataforma, gratuito y de código abierto para editar y procesar vídeo.

- Adobe Premiere Pro. Es una herramienta profesional para edición de vídeo en tiempo real. No es gratuita.

- Windows Movie Maker. Es fácil de usar y está orientada a usuarios no profesionales, por lo que sus características son limitadas.

- Virtual Dub. Herramienta sencilla y gratuita para edición básica de vídeo. No tiene tantas características como las anteriores.

5.6. Animaciones multimedia

Una animación es una secuencia de imágenes que crea el efecto de movimiento. Un uso común es en los anuncios o *banners*. Crear animaciones es una tarea complicada, propia de diseñadores gráficos y animadores que está fuera del alcance de este libro. Para los no profesionales, incluso crear un sencillo GIF animado puede ser una tarea complicada. Aun así, las animaciones son muy habituales en las páginas web y los diseñadores deben saber cómo y cuándo usarlas.

En este apartado trataremos sobre las nociones básicas de la animación, su uso en páginas web y las herramientas para crearlas.

5.6.1. Principios de la animación

Los dibujantes Johnston y Thomas enunciaron los doce principios básicos de la animación. El objetivo principal de estos principios es producir animaciones realistas. Algunos de ellos son:

- Estirar y encoger los objetos para darles un aspecto de peso y flexibilidad.

- Anticipación. Prepara al espectador para lo que va a ocurrir. Por ejemplo, antes de dar una patada a un balón el futbolista echa la pierna hacia atrás.

- Puesta en escena. Dirige la atención del espectador hacia la parte más importante de la escena. Puede lograrse mediante la iluminación o la posición de la cámara.

- Acción secundaria. Sirve para dar mayor realismo a la escena. Por ejemplo, cuando un personaje camina sus brazos se mueven al ritmo o mueve la cabeza para mirar a su alrededor.

5.6.2. Herramientas para la creación de animaciones

Las herramientas de animación más conocidas están orientadas a profesionales y, por tanto, requieren mucha preparación para poder usarlas apropiadamente. Es el caso de las tres primeras de la lista. Las otras dos no tienen tantas funcionalidades, pero son más sencillas de usar. Pueden ser útiles para crear pequeñas animaciones.

- **Animate**, antes llamado Adobe Flash Professional. Es una herramienta de referencia entre profesionales de la animación. No es gratuita.

- **Blender**. Es una herramienta gratuita y de código libre. Está enfocada principalmente a animaciones 3D. Incluye un motor de juegos completo.

- **Motion**. Es una herramienta de Apple para Mac OS. No es gratuita.

- **Easy GIF Animator**. Es una pequeña aplicación para hacer GIF animados.

- **Vyond**. Permite crear animaciones fácilmente a partir de una galería de personajes y escenarios. Está pensado para crear animaciones en un entorno educativo o para presentaciones de trabajo.

5.6.3. Formatos de animaciones

Algunos formatos habituales en las animaciones web son:

- GIF animado. La mayoría de los navegadores soportan este formato.

- APNG. Es la versión animada del formato PNG. En el caso de que un navegador soporte PNG pero no APNG, muestra una imagen estática.

- CSS. No se trata de un formato propiamente dicho, pero desde CSS3 es posible crear animaciones usando hojas de estilo. Por ejemplo, es posible mover cualquier elemento de la página por la pantalla. No requieren ningún adaptador, pero sí un navegador reciente.

5.6.4. Inclusión en páginas web

Según el formato, puede ser necesario o no un adaptador para incluir animaciones en una página web.

5.6.5. Buenas prácticas en el uso de animaciones

- Hay que usar las animaciones con moderación. Son exigentes con respecto al cómputo y pueden ralentizar la página, afectando negativamente a la experiencia de usuario.

- Conviene fijar un límite de repeticiones para las animaciones puramente decorativas.

- No conviene presentar varias animaciones simultáneamente. Distraen al usuario.

- Eliminar las animaciones de las versiones para imprimir.

5.7. Elementos interactivos

Los elementos interactivos son aquellos que cambian en función de cómo actúe el usuario. Como ejemplos podemos citar los *sliders* de imágenes, los selectores de fecha y efectos como arrastrar y soltar (*drag and drop*).

5.7.1. Creación de elementos interactivos

Los elementos interactivos se pueden crear con JavaScript o con las herramientas que vimos en el apartado 3.2.5 sobre aplicaciones web enriquecidas.

5.7.2. Mapas interactivos

El elemento *map* de HTML permite definir un mapa de imagen. El mapa divide una imagen en zonas y puede asociar un vínculo a cada una de ellas. Cada una de estas zonas se define con el elemento *area*. La forma del área se especifica con el atributo *shape* y puede ser un rectángulo (*rect*), un círculo (*circle*) o un polígono (*polygon*). Con el valor *default* el área ocupa toda la imagen.

```
<img src = "img.jpg map = "map">
<map name="mapa">
      <area shape="rect" coords="20, 20, 100, 100"
       href="masinfo.html"    target = "_blank" />
</map>
```

El elemento *area* tiene además los atributos *coords*, para las coordenads, y *href* y *target*, que tienen el mismo papel que en un vínculo (etiqueta *a*).

El número de coordenadas depende del tipo de área. Para un rectángulo, como en el ejemplo, hay que dar las esquinas superior izquierda e inferior derecha, mientras que para un círculo hay que dar las coordenadas del centro y el radio. La esquina superior izquierda de la imagen se corresponde con las coordenadas "0, 0".

En lugar de abrir un vínculo, se puede asociar código JavaScript al área:

```
<area shape="rect" coords="20, 20, 100, 100"
 href="javascript:alert('Hola');" />
```

Definir las áreas a mano puede ser tedioso, pero han aparecido muchas herramientas *online* para simplificar la tarea, como por ejemplo: http://www.image-maps.com/.

Para el caso de mapas geográficos es mejor usar herramientas específicas como el API de Google Maps o ZeeMaps.

5.7.3. Ámbitos de uso

En general, añadir elementos interactivos es una buena idea, ya que mejoran la experiencia de usuario. De cualquier manera, no se recomiendan en páginas para usuarios con dificultad para manejar el ordenador, ya sea por limitaciones sensoriales, de movilidad o porque no estén acostumbrados. Pueden no entender bien cómo funciona la página y confundirse si hay elementos en movimiento o que aparecen y desaparecen. En páginas dirigidas a este tipo de usuarios hay que usarlos con moderación.

También hay que tener en cuenta posibles problemas de compatibilidad con navegadores antiguos y ofrecer una alternativa adecuada.

TEST TEMA 5

5.1. ¿Qué formatos son necesarios para que un vídeo se vea bien en los navegadores más habituales?

a) MP4 y Ogg.

b) WebM y Ogg

c) WebM y MP3.

5.2. ¿Qué formatos son necesarios para que un audio se oiga bien en los navegadores más habituales?

a) Wav y Ogg.

b) Mp3 y Wav

c) WebM y Theora.

5.3. Los elementos *audio* y *video*:

a) No son elementos estándar.

b) Son elementos estándar desde las primeras versiones y se soportan en navegadores antiguos.

c) Son elementos nuevos en HTML5 y los navegadores antiguos no los soportan.

5.4. ¿Cuál de los siguientes no es un formato de audio?

a) MP3.

b) Ogg Vorbis.

c) Ogg Theora.

5.5. ¿Cuál de los siguientes no es un formato de vídeo?

a) VP8.

b) Ogg Vorbis.

c) H.264.

5.6. ¿Se puede usar un elemento *object* dentro de un elemento *video*?

a) Sí. Si el navegador no soporta el elemento *video*, intentará reproducir el elemento *audio*.

b) Sí. El navegador reproducirá ambos.

c) No, provocará un error al cargar la página.

5.7. Para insertar un vídeo de YouTube:

a) Solo se puede utilizar el elemento *object*.

b) Se pueden utilizar *iframe* y *embed*, pero no *object*.

c) Se pueden utilizar *iframe*, *embed* y *object*.

5.8. Marca la opción que consideres incorrecta sobre el elemento *object*:

a) Puede formar parte de un formulario.

b) Es la mejor opción para insertar un vídeo en HTML5.

c) Permite pasar parámetro al adaptador que reproduzca el contenido.

5.9. Marca la opción que consideres correcta sobre el elemento *embed*:

a) Puede formar parte de un formulario.

b) Es la mejor opción para insertar un vídeo en HTML5.

c) Permite pasar parámetro al adaptador que reproduzca el contenido.

5.10. Para crear un mapa de imagen se usan:

a) Los elementos *map* y *zone*.

b) Los elementos *area* y *shape*.

c) Los elementos *map* y *area*.

EJERCICIOS TEMA 5

5.1. Escribe una página que use el elemento *video*. Busca algún vídeo en la web y transfórmalo a los formatos que sea necesario. Asegúrate de que se vea en todos los navegadores que tengas instalados.

5.2. Escribe una página que use el elemento *audio*. Busca algún fichero de audio y transfórmalo a los formatos que sea necesario. Asegúrate de que se oiga en todos los navegadores que tengas instalados.

5.3. Escribe una página que incluya algún vídeo de YouTube. Tienes que insertarlo de tres formas:

• Con el código que proporciona YouTube (*iframe*).

• Con el elemento *object*.

• Con el elemento *embed*.

Referencias

Páginas web sobre JavaScript

- https://developer.mozilla.org/es/docs/Web/JavaScript
- http://msdn.microsoft.com/es-es/library/
- http://www.ecmascript.org/

Libros

- *A Smarter Way to Learn JavaScript.* Mark Myers.
- *Eloquent JavaScript.* Marijn Haverbeke.
- HTML5 Media. Shelley Powers.
- *Head First JavaScript Programming: A Brain-Friendly Guide.* Freeman y Robson

Aplicaciones gratuitas para imágenes, audio y vídeo

1 http://audacity.sourceforge.net/?lang=es
2 http://fixounet.free.fr/avidemux/
3 http://www.gimp.org/

Conversión *online* de imágenes, audio y vídeo

- http://www.online-convert.com
- http://media.io/
- http://www.zamzar.com/